U0115808

中國飲食文化史 京津地區卷 · 下冊

The History of Chinese Dietetic Culture
Volume of Beijing-Tianjin region

目錄

Contents

北京部分

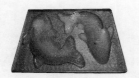

第十章　中華人民共和國時期

新中國時期的北京飲食文化在北京飲食文化發展史上是一個承前啟後的階段，在發展過程中出現了許多新現象和新事物，它是當代中國社會發展歷程的縮影。

第一節　當代北京飲食文化發展的歷程及特點

一、當代北京飲食文化發展的歷程

當代北京飲食文化的發展歷程可以大致分為三個階段。

❶·新中國成立初期到文化大革命之前

這一個階段，在城市地區，由於物資緊缺，國家實行口糧和副食品定量供應制度，人們使用各種票證購買日常生活用品。普通城市居民家庭的糧、菜、肉、油、蛋、奶等日常飲食都十分拮据，特別是像豬肉、雞蛋一類價格較為昂貴的消費品，都只是在過節或待客時才會見到。由於商品市場不開放和人們普遍收入較低，所以飲食生活比較單調。這種單調的飲食生活不僅是特定的國情決定的，同時也是特定時代的飲食觀所決定的。當時，整個社會瀰漫著一種「共產主義」的精神氛圍，人們只講生產，不講吃喝，講究吃喝被認為是「資本主義的生活方式」，無產階級的指導思想中是沒有關於吃喝的內容的。在這種社會環境中，從生產到消費，都是由國家決定的，特別是一九五八年的人民公社化運動，村民們都去吃集體的大鍋飯，使得個人與家庭的餐桌更為弱化。那時郊區生產的蔬菜品種也比較單一，每種蔬菜都是集中上市，所以，人們將其形象地比喻為「節節菜」。四月份開始吃菠菜，五月份吃水蘿蔔、洋白菜、小白菜、小油菜、小茴香和韭菜，六、七、八、九月吃西紅柿、黃瓜、豆角和茄子，十月份開始吃大白菜。當時有一句順口溜「春吃菠菜夏吃瓜，冬天白菜來當家」，形象地描繪了人們對這種現象的無奈。由於大白菜價格實惠、便於長期儲存，因此，許多居民都會在初冬季節購買幾百斤大白菜為整個冬

天做好準備。購買冬貯大白菜是每年北京街頭的獨特一景。冬天，人們的飯桌成為了大白菜的天下，以致於人們將大白菜稱為「當家菜」，人們想出了各種各樣的大白菜吃法，例如炒白菜、醋熘白菜、酸菜川白肉、白菜芥末墩、白菜燉豆腐、拌白菜心等。[1]

在各類餐飲業中，經過社會主義改造和公私合營，餐飲企業的經營體制和管理方式都有所改變。這一時期，由於政府採取扶持保護餐飲業的政策，一些著名的「老字號」餐館成為政府外事接待和社會知名人士會客就餐的場所。同時，政府還從外地引進了一些知名餐館，使北京的餐館數量和種類有所增加。由於當時處於中蘇友好時期，蘇聯的飲食方式受到追捧，吃俄式西餐成為年輕人的時尚。由於國家實行「糧油統購統銷」政策，飯館原料採購受到限制，使得菜品的質量和品種受到影響。另有一些以前的高檔飯莊，在經過改造之後轉而向居民供應饅頭、烙餅等主食。「大躍進」時期，飲食服務行業開展「比學趕幫超」運動，許多經營小吃的餐點、飯攤被撤並和統一管理，使得一些以其經營者姓氏命名的小吃逐漸消失。在農村地區，由於實行「以糧為綱」的政策，副業發展受到限制。人們的飲食方式也非常簡單，豬肉之類的高脂肪食物很少出現在人們的餐桌上。人民公社化運動中，許多地方大辦集體食堂，養豬、養雞之類的集體副業也並沒有大的發展，人們的飲食水平仍然處於溫飽水平之下。

❷ ·「文化大革命」開始到改革開放之前

文化大革命期間，從農村到城市，各地普遍掀起了「文化大革命」的浪潮。在農村地區，由於青壯年勞力大量參與到各種批鬥、開會和政治學習當中，農業生產受到嚴重影響，集體公社的養豬等副業生產更加荒廢，各種家禽、家畜，病的病、死的死，沒死的也瘦得沒有一點膘。在北京城區，各種食物供應十分短缺，排長隊已經成為一種十分普遍的社會現象，有的甚至為了買到一點糖或糕點半夜帶上小板

1　楊銘華等：《當代北京菜籃子史話》，當代中國出版社，2008年，第11頁。

凳到百貨商店門前排隊。在職工食堂裡，人們在吃飯前都要先到毛主席像前背一段「紅寶書」（即《毛主席語錄》）中的內容，以顯示自己對毛主席的忠誠。在餐飲業，城內的「老字號」飯館成為「封資修」的象徵，許多知名餐館被迫改名，如「萃華樓」改名叫「人民大食堂」，「全聚德」改為「北京烤鴨店」，「東來順」改為「民族餐廳」，「便宜坊」改為「新魯餐廳」。餐館的服務方式從以前的服務到桌、飯後結賬改為顧客自我服務，顧客自己到窗口取餐，自己算賬，甚至自己刷碗。顧客就餐時也須先背誦毛主席語錄，或者與服務員對答「紅寶書」中的聯句。當時，多數飯館為了簡化服務，採取先結賬後上菜的辦法。這個時期，西餐被作為「資本主義生活方式」和「修正主義」被打倒，除北京展覽館餐廳（莫斯科餐廳）和新僑餐廳以外，其他西餐館均停業。

❸·改革開放至今

改革開放政策的實行，不但使北京的飲食市場打破了原來國營食堂一家獨大的局面，而且豐富了人們的飲食生活。二十世紀八〇年代初期，人們開始清算新中國成立以來的極左思潮，實行戰略轉移，開始注重發展生產，搞活經濟，飲食文化也不再被認為是所謂的「資產階級的生活方式」。農村地區確立了「以家庭承包經營為基礎，統分結合的雙層經營體制」，原有的以公社為主的集體化生產模式開始在許多地區解體，集體土地被分配到農民家庭，這極大地調動了農民的個體積極性，農業生產逐年好轉。物資短缺的局面開始改觀，人們的飲食生活越來越豐富，從以前的以粗糧為主變為以細糧為主，豬肉、雞蛋等消費品開始頻繁地出現在人們的飯桌上。而隨著經濟社會的發展，城市的飲食方式和觀念也逐漸滲透到了農村。隨著北京近郊鄉村旅遊的發展，農家樂、自助廚房等面向城市遊客的飲食文化也開始普遍起來。除了日常飲食文化，在傳統節日、廟會等場合，包括小吃、節日食品在內的傳統飲食文化仍然具有強大的生存空間。而在城市地區，隨著區域之間的流動日益頻繁、現代物流業的發展、交通條件的改善和冷藏保鮮技術的發展，人們的飲食選擇日益多樣化。各種大型超市每天都有各種新鮮的蔬菜、水果供人們選擇、社區

菜場也十分方便。不但如此,大量國外糧油、食品和水果的進口,使北京人的飲食選擇越來越豐富。

這一時期餐飲業獲得了長足的發展,一九八○年八月,北京第一家個體戶飯館開張營業,在其帶動下,許多待業在家的年輕人紛紛開始進入餐飲業。隨著國家政策的進一步放開,包括「全聚德」「都一處」「豐澤園」「泰豐樓」在內的眾多「老字號」企業陸續恢復原來的字號[1]。同時,北京向全國各地發出邀請信,歡迎外地知名餐飲企業進京。這一時期,包括廣州的「大三元」、杭州的「奎元館」、蘇州的「松鶴樓」等外地知名餐館紛紛進京開設分店,進一步活躍了北京的餐飲市場。二十世紀八、九○年代以來,北京掀起了一陣又一陣的飲食熱潮,先是「川菜熱」,然後是「火鍋熱」,之後又是東北菜、「小龍蝦熱」等等。除了外地餐飲進京,包括歐美、日韓和港台等國家和地區的餐飲企業也以北京、上海等大城市為起點,不斷開拓中國市場。同時,人們的飲食觀念較過去有了很大變化,許多家庭在除夕夜到大飯館吃「年夜飯」,省去了自己動手的麻煩。來自歐美的飲食文化在包括北京在內的國內許多地區迅速傳播,炸雞、漢堡、比薩、可樂等成為人們日常生活中的普通食品和飲料,人們開始熱衷於過情人節、平安夜和聖誕節等西方節日,吃西餐,享受西方美食的樂趣。

這一時期,烹調學、食療學、食品製造學、釀造學、營養學和飲食學在內的現代飲食學科的發展,則為我國飲食文化的持續發展提供了理論上的支持[2]。尤其需要指出的是,新中國成立以來,各地有關烹調和食品製造領域出版的專著和報紙雜誌數不勝數,北京和全國許多省市的高等院校一樣,開設了烹飪專業,設立有關飲食文化的課程,飲食烹飪專業出現了專科、本科和碩士研究生教育,成為高等教育的一個重要組成部分。[3]各類飲食文化研究學會大量出現,關於飲食文化的學術研討會也屢有召開,其中一九九一年在北京召開的首屆中國飲食文化國際學術研討會,就

1　柯小衛:《當代北京餐飲史話》,當代中國出版社,2009年,61-66頁。

2　林乃燊:《中華文化通志·宗教與民俗典·飲食志》,上海人民出版社,1998年,第1-15頁。

3　林乃燊:《中國古代飲食文化》,中共中央黨校出版社,1991年,第10-11頁。

是一個具有里程碑意義的大會，自此拉開了中國飲食文化研究的序幕。各種美食文化節、啤酒節，以及北京京郊的西瓜節、草莓節、桃節等也成為北京發展旅遊吸引遊客的一個重要途徑。

二、當代北京飲食文化發展的特點

同歷史上其他時期的飲食文化相比，當代北京飲食文化體現出鮮明的時代性、多元性和開放性。

❶·鮮明的時代性

當代北京飲食文化的發展是同整個社會的發展密切聯繫的。新中國成立初期，物資緊缺的社會狀況，決定了政府必須實行口糧和副食品定量供應制度。統購統銷的政策不僅決定了農民必須按照政府的安排進行農作物的種植，也決定了城市居民必須按照政府規定的標準進行消費，正是在這種情況下才出現了吃「節節菜」的現象。而政府對自由商品經濟市場的限制，也決定了人們不可能在政府規定的食物定量之外有更多的自由選擇餘地。正是「大躍進」和「人民公社化」運動的開展，才形成了特定年代所特有的「大鍋飯」現象。而「文化大革命」的特殊時期不但形成了「早請示晚匯報」的社會現象，也形成了飯前背語錄的飲食文化。改革開放後，經濟體制由計劃經濟轉向市場經濟，形成了統一的全國大市場，不論客觀上還是主觀上，都使得北京飲食市場成為一個面向全國和全世界的自由市場。正是在這樣的情況下，北京飲食文化才從新中國成立初期的刻板單一走向了當代的絢麗多彩，人們的飲食選擇才變得更加豐富而多樣。

❷·文化的多元性

多元性主要是指當代北京飲食文化融合了古今中外的各種因素，使其內涵更加豐富、廣博和具有多層次性。如果說包括宮廷飲食文化、官府飲食文化、庶民飲食文化，以及寺院飲食文化、少數民族飲食文化在內的北京傳統飲食文化也是多元性

的話，那麼這種多元性則具有更多的等級色彩和身分屬性。而在當代，北京飲食文化的多元性則更多地指向平等、多樣和豐富。例如在原材料方面，不但種類大大增加，而且人們對材料的質量、特性都有了更高的要求。社會的進步和物質條件的改善，使得更多的人可以追求更高層次的飲食需求。相對於傳統社會而言，當代人對於飲食的需求也隨著各自生活狀況的不同而大有不同，豐儉濃淡，各有所需，既有專注於享受以品嚐美食為樂的美食家，也有只為一飽，講求省時、方便的公司白領。從民眾自身的身體屬性出發，既有求每餐量大價廉的農民工群體，又有求量小質精的老、病、孕、嬰人群。具有不同屬性的群體，如宗教人士、少數民族，以及來自不同地域的人們，其飲食需求也各有差異。在消費上，人們去餐廳吃飯，有的追求實惠，有的追求面子，有的追求方便。而商務宴請又多追求排場與檔次。這種飲食消費的多元性，不但彰顯了當代北京社會的高度異質性，也說明了當代北京飲食文化所具有的豐富內涵。

❸ · 高度的開放性

當代北京飲食文化的開放性與北京的人口雙向流動呈正相關關係。改革開放之前，北京人口處於政治主導型的人口雙向流動之中，既有進又有出，如「大躍進」期間，從農村調入大量人口來京「大煉鋼鐵」，又如北京知青大規模下鄉等。他們既帶來了各自家鄉的飲食文化，也帶走了京城的飲食文化，使北京飲食文化一直呈現開放狀態。改革開放以後則是以經濟為主導的人口流動及市場信息傳播，特別是國際市場信息的傳播。如果說改革開放以前的計劃經濟體制是一種封閉和保守的社會設置的話，那麼，市場經濟則必然意味著開放，這種開放不僅包括對國內的開放，更包括對國際市場的開放。這種開放政策的實行對北京飲食文化的影響是十分重大的，它使得北京飲食文化迅速國際化，也使人們的飲食方式更加國際化，並且使餐飲企業經營的市場化程度提高，行業競爭日益全球化。[1]西方餐飲文化的進入不

1　劉小虹：《北京餐飲業概況和發展趨勢》，《中國食品》，2005年第24期。

僅豐富了北京飲食文化的內涵，而且使得西方餐飲企業規範有序的經營理唸得以傳播，這在某種程度上推動了北京飲食文化的持續發展。

第二節　推陳出新的餐飲文化

一、持續發展的中餐

中餐是北京飲食文化的主體，包括「老字號」、風味小吃、傳統菜餚和京郊鄉村飲食在內的各種飲食文化，共同創造著當代北京飲食文化的豐富內涵。

❶.「老字號」

新中國建立初期，由於經濟低迷、市場蕭條，許多「老字號」餐館相繼歇業，沒有停業的也是勉力維持，經營十分困難。面對這種情況，北京市人民政府採取扶持「老字號」餐飲業持續發展的政策，通過「公私合營」，使原來屬於私人所有的飯館酒樓成為國營企業的一部分。這些留存下來的「老字號」大多成為政府外事接待、文化藝術界名人聚會宴飲的場所。「文化大革命」期間，這些「老字號」作為「破四舊」和「封資修」的重要對象受到打擊，原有的餐館建築受到破壞。改革開放後，在政府的大力支持下，許多「老字號」逐漸恢復，並重新振興。特別是像「全聚德」「東來順」這樣的知名「老字號」餐館積極應對市場挑戰，通過產權重組，強強聯合等措施建立企業集團，從而成為北京飲食服務業中的大型骨幹企業，並取得了不俗的業績。二〇〇六年，商務部實行「振興老字號」工程，發布《「中華老字號」認定規範（試行）》，計劃三年內在全國範圍內認定一千家「中華老字號」，首批認定的一七七家老字號中，北京入選六十七項。其中飲食類占了一半以上。北京的老字號餐館有：來今雨軒、餛飩侯、柳泉居、烤肉宛、砂鍋居、同和居、烤肉季、鴻賓樓、首都玉華台、同春園、華天延吉、又一順、峨眉（酒家）、便宜

坊、都一處、一條龍、全聚德、豐澤園、聽鸝館、東來順等。

北京「老字號」餐館的文化特色主要表現在其悠久的歷史和飲食特色上。可以說，幾乎所有的「老字號」餐館都有上百年的歷史，它們記載著中國社會文化的變遷，也傳承著中國優秀的傳統文化。從某種意義上講，保護「老字號」就是保護中國傳統文化，保護歷史的印跡。「老字號」不僅是北京飲食文化的精華所在，而且作為當代北京的一張名片，向世界各地的人們展示著北京文化的博大與精深。比較有代表性的老字號名品如「全聚德」的烤鴨、「東來順」的涮羊肉等。北京餐飲「老字號」的百年傳承不僅積累了歷史的厚度，更為重要的是在它們身上凝結著中國傳統商業文化將經濟利益和社會效益完美結合的文化品格。通過「老字號」我們可以看到中華商業文化一脈相承的發展歷程。

❷・北京風味小吃

北京小吃也經歷了一個曲折的發展歷程。新中國成立後，在社會主義改造的過程中，小吃攤和民間集市被當作「資本主義尾巴」受到打擊，包括「老字號」和小吃鋪在內的飲食行業成立國營「飲食公司」，統一經營，有的規模太小被撤併。大躍進時期，許多小吃攤、小飯館被集中到護國寺和隆福寺等少數幾家國營小吃店，這些小吃傳人或經營者成為國營職工，從而使得許多小吃迅速消失。「文化大革命」期間，小吃經營更是不被允許的事情。改革開放後，市場的開放才重新使小吃經營發展起來。私營經濟的起步，個體經濟的興起，使得民間小吃獲得了發展的第二次春天。如今，在鐘樓和鼓樓之間，在北京王府井，以及後海孝友胡同中和牛街、「簋街」，都形成了具有一定規模的小吃市場。特別是孝友胡同的「九門小吃」，集中著爆肚馮、小腸陳、茶湯李、年糕陳、奶酪魏、羊頭馬、豆腐腦白等許多傳統特色小吃。

北京小吃種類繁多，既有回民小吃，又有漢族小吃，製作精良，色香味俱佳，老少皆宜。特別是豆汁兒、炒肝兒等小吃，已經成為北京小吃甚至北京文化的一個像徵，受到人們的青睞，以致於有人說：「不喝豆汁兒，算不上北京人。」而在廟

會、傳統節日等傳統文化集中的場合，小吃更是不可或缺的重要角色。人們在逛廟會、品小吃的同時，體驗傳統文化，感受民族傳統的魅力。

❸ · 傳統名菜

北京的傳統名菜眾多，它包括宮廷菜、官府菜、寺院菜、民族菜以及民間庶民菜等。在北京城的「堂」「居」「樓」「春」興起的年代裡，傳統名菜各領風騷。新中國建立後，人民政府又從各地引進知名菜館，如「老正興」「曲園酒樓」「四川飯店」「晉陽飯莊」和「廣東餐廳」等。同時，北京著名的「譚家菜」在周恩來總理的關懷下獲得了重生的契機。改革開放後，人民政府為繁榮北京餐飲市場，再次從外地引進著名餐館，包括以「大三元」為代表的粵菜、以「奎元館」為代表的杭菜、以「松鶴樓」為代表的淮揚菜、以「洞庭湖春」為代表的湘菜等紛紛入駐京城。到二十世紀八、九〇年代，形成了一波又一波的「粵菜熱」「川菜熱」。傳統名菜進京，不但豐富了北京飲食文化的內涵，更是使得南方菜和北方菜在北京這樣一個文化底蘊豐厚、人文歷史悠久、才俊明賢眾多的地方互相借鑑與融合，從而開出了一朵又一朵鮮豔嬌美的「美食之花」。

北京菜雖然並不屬於「八大菜系」，但是北京菜既融合了北方菜系料足味重的特徵，又具有南方菜系所具有的做工精緻的優點，因此可以說，北京菜博采眾長，海納百川，自成一體。北京菜不僅有眾多烹調高手，更有許多文化名人和美食家參與其中，使其形成不同凡響的文化底蘊。優越的地理與物產優勢、歷史與政治優勢、經濟與文化優勢、技藝與品種優勢成為北京菜不斷推陳出新並發展壯大的重要依憑。[1]

---

1   朱錫彭、陳連生：《宣南飲食文化》，華齡出版社，2006年，第1-16頁。

二、方興未艾的西餐

北京地區的西餐文化是同中國社會的現代化進程一同起步的。新中國成立後，北京僅存了不多的幾家俄式餐館。改革開放後，西方的餐飲企業開始大規模進入中國。這時，西方飲食理念才全面而深刻地介入中國人的飲食生活。

這一時期引入中國的西餐主要是洋快餐。歐美的快餐業早在二十世紀三〇年代就已經起步了，至今已經是發展十分成熟的一個行業，但是其傳播到中國卻是二十世紀八、九〇年代的事情。這主要是由於中國的工業化進程起步較晚，很長一段時間裡人們的觀念仍然停留在傳統的飲食習慣上。而另一方面，中國社會在改革開放前社會發展節奏沒有西方那麼快，因此人們也不必要在飲食上節省時間。當然，也還有社會環境和政策的原因所在。而當代社會，洋快餐的迅速發展，不僅是國內飲食市場對外開放的結果，也是中國城市快節奏的生活所需要的，而包括飲食文化在內的西方文化的流行，更使得洋快餐更加容易被人們接受。比如：

一九八七年，著名快餐連鎖企業「肯德基」在北京前門西側開業。開業當日，許多家長帶著自己的孩子湧入肯德基，人們在品嚐炸雞、可樂和薯條的同時，也體驗到了美國快餐文化所帶來的新奇。很快，肯德基以其便捷、高效和高質量的服務贏得消費者的信任，在北京陸續開辦了許多新店。與肯德基同屬美國百勝全球餐飲集團的「必勝客」是全世界最大的比薩餅連鎖企業。必勝客除了供應義大利式正宗比薩餅、義大利麵之外，還售賣各種色拉、炸薯條和咖啡、紅茶、果汁飲料、可樂、冰激凌和甜品。其外觀標誌為「紅屋頂」。一九九〇年，必勝客在北京開張了第一家店。「麥當勞」進入中國稍晚。一九九二年四月北京第一家麥當勞餐廳在王府井大街開業，開業當天顧客爆滿。到一九九二年年底就在北京開了四家連鎖店。麥當勞迅速被中國消費者認可，其「顧客為本」的服務理念和周到、殷勤的服務受到人們的普遍讚賞。除了肯德基、必勝客和麥當勞這三大西式快餐連鎖企業，北京還有以「西部牛仔」風格聞名的「星期五餐廳」「樂傑士」「巴西烤肉」等快餐廳。此外，還有如「面愛面」「三千里」的日韓料理，以及「永和大王」的港台餐飲也

都能在北京找到。

洋快餐進入中國，其最大的意義在於為人們帶來了高效率、高質量、連鎖化、標準化的國際餐飲經營理念，其科學、有效的管理方式和在招聘、培訓、管理員工方面的制度，親民的品牌形象，豐富多彩的促銷方式等，都為中國餐飲企業的發展提供了借鑑。西餐在中國的發展，促使中國餐飲業在經營理念的國際化、管理技術的現代化、生產手段的科學化和人才培養的制度化等方面不斷改進，同世界接軌。對消費者而言，西餐的進入改變了人們的消費觀念，人們更加注重品牌意識，就餐的環境和服務質量。也使人們的生活方式有了一定的改變，人們開始頻繁地光顧西餐廳，從而省下許多寶貴的時間來做更有意義的事情。[1]

三、 茶文化、酒文化和咖啡文化的興起

同食物的選擇一樣，當代的北京人對飲品的選擇也是多樣化的，既包括傳統的紅綠花茶，也包括近年來新興起的咖啡、可樂、奶茶、果汁等各種西式飲料。而啤酒文化，則或許更多地受到港台和廣東等地的影響。但是，相對來說，茶館、酒吧和咖啡館成為人們在娛樂、休閒的時候，消費各種飲品的集中場所，因此，茶館、酒吧和咖啡館就集中代表了當代北京飲品的發展狀況。

❶ · 茶文化

茶文化在中國具有十分悠久的歷史。當代北京社會的茶文化一方面繼承了傳統茶文化所具有的以和為貴、敬如上賓、清正廉潔、恬淡寧靜的美學精髓，另一方面又在新的社會形態下衍生出許多不同以往的內涵。新中國建立初期，茶館被視為封建文化的標誌，因此各類大大小小的茶館基本上就從京城的大街小巷消失了。儘管如此，茶並沒有從人們的生活中消失。茶葉還是人們用來待客的佳品或者用來作

1　陳忠明：《飲食風俗》，中國紡織出版社，2008年，169頁

為餽贈親朋好友的禮品。不僅如此，茶葉還作為新中國重要的外貿物資為國家換取外匯。一九五〇年，毛澤東主席訪問蘇聯，蘇聯貸款三億美元給中國，中國則用包括茶葉在內的物資進行償還。改革開放以後，茶文化又開始在北京地區興盛起來，並與相聲、評書等民間說唱藝術結合起來，形成了一種生活方式和文化潮流。人們在品茶與休閒的同時，欣賞評書、戲曲、相聲等各種文藝節目，從而獲得了身心的放鬆。當前，北京最有名的茶館有老舍茶館、老舍茶館—四合茶院（又稱為前門四合茶院）、前門大碗茶、德雲社茶舍、張一元天橋茶館等。其中老舍茶館建立於一九八七年，是改革開放後開張最早的茶館。之後又有大批茶藝館、茶樓興起，多達數百家，推動了京城茶文化的普及。

除了茶館之外，當代茶文化發展的另一個潮流就是茶文化主題Mall的興起。二〇〇八年五月份，國內首個茶文化主題Mall——滿堂香中國茶文化體驗中心在馬連道茶葉特色街落成並對外開放。茶主題Mall首次將博物館、茶藝館、科普課堂和商場四種功能融合在一起，創造了一個很好的茶文化普及的形式。

❷・酒文化

中國是酒的國度，中國人飲酒的歷史可以追溯到史前時期。一直以來，中國的酒文化是以白酒為主，而啤酒、葡萄酒等基本上是舶來品。新中國成立初期，國家對酒實行專賣政策，酒的生產計劃由專賣公司統一制定。一九五八年，國家只對名酒和部分啤酒實行統一計劃管理，無形中取消了酒的專賣。文化大革命期間，多數地區酒類專賣機構被撤銷，但是，酒的生產和銷售仍然處於國家控制之下。在酒的消費方面，除了國營工廠生產的各種酒品，農民自家也用糯米釀造米酒，用來待客，也自己消費。改革開放以後，國家對酒的生產和銷售不斷放開，各種酒吧開始出現。

北京的酒吧文化主要是受港臺地區的影響發展起來的。當前北京酒吧比較集中的地區包括三里屯酒吧街、北京大學南門、西苑飯店南側、什剎海、酒仙橋、駝房營和

大山子等遠離中心城區的地方。[1]三里屯酒吧開業較早,吧內裝修充滿歐洲風格,讓人感覺如同到了西方世界一般。後來,又有幾家酒吧先後開業,而後這一地區迅速成為北京城有名的酒吧街。西餐、飲料和音樂是這條酒吧街的重要特色。輝煌的霓虹、震耳的音樂、各色的外國人,使這裡成為年輕人追逐的時尚之地。

❸．咖啡文化

早在二十世紀初,北京就有了外國人經營的咖啡館,二、三〇年代,東安市場出現了中國人經營的咖啡館。但由於那時咖啡文化的受眾有限,因此,這些咖啡館的影響並不大。咖啡文化在北京地區真正的興起還是二十世紀九〇年代的事情。改革開放後的一九九九年,星巴克在國貿大廈開設了北京地區的第一家店面,除了經營各種味道純正的咖啡外,也有多種口味的英式紅茶及茶點售賣。星巴克以其大寫英文「STARBUCK」為標誌,連鎖經營,營造了一種隨意、簡潔、方便、閒適的氛圍,並提供上網服務和書刊服務,因而得到在京的外國人和公司白領追捧。此後,星巴克在北京以至全國迅速開設了許多分店,在大型寫字樓、購物中心、機場、車站都能看到統一裝修風格的星巴克連鎖店。「上島咖啡」也是北京餐飲市場一家規模較大的台資咖啡連鎖店,其口號是「源於臺灣,香聞世界」,主要經營芳香醇正的正宗手工研磨咖啡和飲料,以及各種中西茶飲和多款具有臺灣特點的中式商務套餐。上島的經營理念和星巴克不同,上島顯得嚴謹、有序、正式。目前,北京的咖啡館、咖啡廳隨處可見,許多咖啡廳不光經營咖啡,也有紅茶和其他飲品供應。這一時期,北京還出現了許多特色咖啡廳,有的提供藝術影片請顧客欣賞,有的則以有爵士樂、搖滾樂的演出而著稱,令人流連忘返。

當前,隨著中國經濟的不斷發展,越來越多的人開始加入咖啡的消費大軍。咖啡成為家庭、辦公室和各種社交場合的必備飲品,它不但與時尚、現代聯繫在一起,還為人們營造了一種輕鬆、休閒的生活氣息,因而受到許多人的青睞。

1　祁建:《北京餐飲的變遷》,《傳承》,2009年07期。

第三節　家常飲食的變遷

一、飲食結構由單一到多元，注重健康

❶ · 主食和副食

北京屬於北方地區，一般而言是屬於以麵食為主糧的區域，但是就整個飲食結構中主副食的比例而言，不同時代和不同群體是有差異的。改革開放以前，受制於匱乏的物資供應狀況和人們較低的收入水平，人們的家常飲食只能是以米麵等主食充飢，副食品只能是作為一種調劑品出現。肉、蛋、糖、奶只能是年節期間或嬰兒、老人，以及客人所享用的東西。改革開放後，京城的市場的食品貨源不但來自京郊，而且來自全國各地，使得京城的各種副食品極易購得，加上人們生活條件的改善和收入水平的提高，百姓餐桌上的副食品已經非常豐富，肉、蛋、奶、水果、蔬菜長年不斷，人們不再只靠主食充飢。人們的飲食習慣也逐漸發生了改變，早餐喝一杯熱牛奶，也已經成為個人的一種飲食習慣。京郊農民的飲食結構有別於市區，所吃糧食均系自產，其中粗糧所占的比重較大，如各種雜糧、玉米、豆類、白薯等。各種蔬菜和水果也很豐富。城鄉兩地的食品富足，生發了城鄉之間的互動，農民在飲食方式上有意識地模仿城市居民，[1]而城市居民為了躲避城市嘈雜的環境和緩解日漸增大的生活工作壓力，而選擇到鄉村度假、品農家菜這種生活方式也形成了城鄉飲食結構的互補。

❷ · 葷菜和素菜的「輪迴」

改革開放前，葷菜在人們的飲食生活中都是作為一種稀缺品出現的。雖然大多數農民家裡都會養豬養雞，但是，這些家禽家畜主要是用來貼補家用而非食用，而且不成規模，數量很少。所以各家很少吃肉。改革開放後，市場經濟確立，農村的

1　陳映捷、張虎生：《對城鎮生活的想像與認同——浙北C村的日常消費研究》，《民俗研究》2011年03期

養殖業獲得飛速的發展，北京的肉產品供應獲得了根本性的改善。豬肉、雞肉等肉類產品的價格有了較大幅度的降低，使得一般老百姓都能吃得起。於是百姓的餐桌上各種肉類菜餚日漸豐富，極大地滿足了人們的口腹之慾。但隨之而來的是城市文明病的出現，過多肉類與脂肪的攝入，引發了「高脂肪、高血壓、高血糖」人群的出現。於是人們開始控制對高脂肪及肉類的攝入，提倡吃淡、吃素、吃果蔬，素菜和粗糧重新回歸餐桌。雖然這看起來似乎又回到了當初少肉多菜的年代，但實際上這卻是社會進步，是人們的飲食觀科學、健康的表現。蔬菜含有較多的維生素，能夠補充人體所需要的大部分營養物質，不論是在物資匱乏的年代還是商品豐富的社會，都成為人們餐桌上不可缺少的一部分。當今素菜的回歸餐桌，其意義已是今非昔比。在貧困年代人們是由於缺糧少食才被迫選擇以各種蔬菜，特別是各種野菜來充飢，這就是二十世紀六〇年代災荒時期人們所說的「瓜菜代」，即以瓜菜代糧。然而在當代社會，人們開始越來越多地選擇各種野菜和粗糧，則是出於健康和營養平衡的考慮。

二、飲食習俗的變遷與傳承

❶·歲時節令食俗

改革開放前，一些傳統習俗被當作「封建」和「落後」的事物受到批判，儘管如此，這些傳統食俗並沒有從人們的飲食生活中完全消失，特別是各種時令性的吃食，還在調節和改善著人們單調的飲食生活。改革開放後，隨著社會環境的改變和傳統節日的復興，歲時節日食俗日漸興旺，一些民俗食品已經成為傳統年節的標誌。

當今，「咬春」「撐夏」「摸秋」和「蒸冬」等傳統食俗，大都已從北京地區人們的飲食生活中消失，但是北京的春夏秋冬四季，仍保留有較典型的歲時食俗。春天，人們仍然刻意去菜市場買到春筍、香椿、蕨菜、薺菜等初春食物，感

受春天的氣息。北京人在春天還要吃春餅，白麵做成的春餅又薄又軟，用春餅抹甜麵醬、卷洋角蔥吃。講究一些的人家吃春餅用「和菜」捲起來吃，從頭吃到尾，叫「有頭有尾」，取吉利的意思。「和菜」就是用時令蔬菜的菜心切成絲，再加韭黃等炒成菜。吃春餅的時候，全家圍坐一起，把烙好的春餅放在蒸鍋裡，隨吃隨拿，圖的是吃個熱乎勁兒。夏天的時令食物則有酸梅湯和各種時鮮果蔬。盛夏之時，北京有「頭伏餃子二伏麵，三伏烙餅攤雞蛋」的說法，初嘗夏收的成果。秋天有蓮蓬、菊花茶，新糧新果也陸續上市。冬天蘿蔔上市，又有一批熱氣騰騰的應季小吃上市，讓北京人一飽口福。而年節期間的飲食就更加豐富，除夕人們一家團團圓圓吃年夜飯，現今許多餐館推出了定製年夜飯，給百姓提供了挺大的方便，全家人可以邊看「春晚」邊吃年夜飯。大年三十自然也少不了餃子。正月十五「元宵節」，家家戶戶煮元宵。五月初五「端午節」，北京各大超市都會推出各式各樣的粽子：白粽子、小棗粽、豆沙粽、肉粽等。[1]八月十五「中秋節」也是商家大力推廣月餅的節日，百姓各家吃月餅並與親友互送月餅。到了「臘八節」的時候，許多超市也會推出用各種豆子、雜糧等攙和成臘八米給人們做臘八粥。

　　這些歲時食俗，都是農耕文化的產物，千百年來先民們日出而作，日落而息，耕耘在這片土地上。他們歷經著春的升發，夏的耕耘，秋的收穫，冬的收貯，他們恪守農時，敬畏自然，創造了「節氣」，書寫下了中國的農耕文化。

　　在這些傳統的歲時食俗重新復興的同時，我們注意到出現了許多新的現象，當代社會的年節食俗已經失去了傳統食俗中所具有文化內涵，祭祀活動大大減少，人們對於年節飲食中所具有的民俗含義已經不太關注，整個社會的民俗心理已經發生了根本性的改變。隨之而來的是，各種歲時食俗中都增加了許多娛樂因子，年輕人的參與就更是一種好奇和嘗鮮的心理所致。同時也出現了較濃郁的商業化色彩。甚至可以說，年節文化已經從某種程度上成為商家所營造出來的「粽子節」「月餅節」

1　陳忠明：《飲食風俗》，中國紡織出版社，2008年，第21頁。

「元宵節」，文化的內涵則被弱化了。值得注意的是隨著時代的變遷，在年節食俗的傳承中出現了一些新食俗，例如我們上面所講的到飯店吃年夜飯，除夕夜全家看春晚，到超市買臘八米，以及時令飲食常年化的問題等等，這些都是值得我們關注的新現象。

❷ · 人生禮儀食俗

人生禮儀食俗主要就是人們在出生、滿月、百日、成年、婚嫁、喪葬等人生關口的飲食習俗，充滿了對生命的敬畏。

人生禮儀食俗的發展也經過了改革開放前後兩個不同的階段，改革開放前，由於生活水平較低，也不太彰顯個性。特別是文化大革命的極左思潮，使得人們的婚喪嫁娶等都處在一個低調而節儉的狀態。結婚時，社會提倡舉行「革命化的婚禮」，並不大操大辦。家裡有人去世，也只是簡單地通知一下親人，然後就送到火葬場了。也很少有人家辦滿月酒為孩子慶生或為老人慶壽。改革開放後，各種儀式開始興盛起來，特別是有的家境比較優越的人家，婚嫁和喪葬的規模都比較盛大。辦婚事的主家，早早在酒店預訂好宴席，向親戚朋友廣發邀請函，並請專門的婚慶公司主持操辦婚禮。而農村裡還有一些人家習慣請專門的紅白事班子在家裡做酒席款待親朋好友。農村的白事要比城市地區隆重一些，要在家停靈兩三日，接受親朋好友的弔唁，酒席的置辦跟婚嫁差不多，也是請專門的紅白事班子來做，只不過場面多了許多哀傷的氣氛。過生日原來只是老年人的專利，但是現在許多年輕人，特別是小孩子熱衷於過生日，請一大堆同學朋友在家裡或者到飯館裡吃生日蛋糕、唱生日歌。而老年人過生日則是年齡越大場面越隆重，一般都要吃長壽麵。

人生禮儀將個人和周圍的社會聯繫起來，通過舉行相關的宴會以使與自己有關的社會關係網絡更加牢固。

第四節　飲食文化的新發展

一、飲食文化始登學術殿堂

　　北京地區的飲食文化研究是和飲食文化學這一學科的發展緊密聯繫在一起的。從一九四九年至一九七九年，受制於當時整個時代的特定國情，飲食文化研究處於蕭條階段，相關研究並不十分豐富，而從一九八〇年至今，在中國飲食文化研究方面，二十世紀八〇年代和九〇年代都有不俗的表現，而海外對中國飲食文化史的研究則以日本較為突出。[1]而就北京當地的飲食文化研究而言，主要是一些散文性的隨筆和介紹性的科普讀物，比較深入的學術著作並不多見。但是，人們已經開始從學術角度來認識飲食文化，但尚未形成規模與氣候。就北京情況而言，著述中對北京區域飲食文化的關注較少，從宏觀的大歷史角度對北京飲食文化進行理論梳理與總結的少，對當代北京飲食文化的研究也比較欠缺，但畢竟開始起步了。

　　第二個方面就是相關學術會議的召開。最有影響的當屬一九九一年在北京召開的「首屆中國飲食文化國際研討會」，這次會議由北京市人民政府、中國食品工業協會、中國烹飪協會、中國國際經濟技術交流中心、北京中國飲食文化研究會聯合主辦，會議共收到各類有關中國飲食文化的研究論文184篇，來自國內外的眾多學者就中國飲食文化的歷史、現狀和發展趨勢和各自的研究成果進行了廣泛的交流。[2]這次會議拉開了中國飲食文化研究的新序幕，使全國的飲食文化研究邁上了一個新台階。在這次會議的帶動下，各類有關飲食文化的學術研討會接連召開，飲食文化進入了蓬勃發展階段。

　　第三個方面就是飲食文化課程進入了高等教育。當前，高等院校所開設的飲食文化課程主要有兩類。一類是有關餐飲方面的烹飪課程，有一些院校設置了餐飲或

1　姚偉均：《中國飲食禮俗與文化史論》，華中師範大學出版社，2008年，367-385頁。
2　彭信：《友誼·合作·發展——首屆中國飲食文化國際研討會在北京舉行》，《中國食品》，1991年08期。

者烹飪類的專業，如北京聯合大學旅遊學院開設了餐飲管理系、北京吉利大學旅遊學院開設了餐飲管理專業、北京民族大學開設了餐飲管理專業等。第二類是有關飲食文化的課程，這類課程大多開設在高校的管理學院和文學院等院系，如北京師範大學文學院開設的「中國飲食文化的特徵」課程；北京語言大學開設的「中國傳統的飲食文化及其現代闡釋」課程；北京工商大學開設的「中華傳統飲食文化」課程，北京林業大學開設的「酒類鑑賞與飲食禮儀」「飲食與健康」「綠色食品與功能食品概論」和「食品營養」課程。針對這兩類課程，各高校也組織編寫了不少烹飪學和飲食文化學的教材。

二、北京的飲食文化節

近年來，各種具有北京地域風情的飲食文化節層出不窮。這類節日以「美食」為招牌，推出各種具有特色的美食和展銷活動，受到美食愛好者的歡迎。美食節舉辦期間通過現做現吃、非物質文化遺產展示、傳統技能技藝表演、特色產品展銷、商務合作洽談等多項活動吸引了大量京內外的美食愛好者、餐飲客商和普通市民的參加。

如二〇一〇年八月「首屆北京臺灣美食文化節」啟動儀式在北京臺灣街隆重舉行，活動歷時一個月，打造了北京臺灣街品牌形象，提高了北京臺灣街美譽度，促進了臺灣特色食品的消費。

二〇一一年八月「中國火鍋節暨北京火鍋美食文化節」在北京天通綠園美食城開幕，火鍋節吸引了京內外24家火鍋類餐飲企業參加，弘揚了京城的火鍋文化。

二〇一一年八月「第四屆北京清真美食文化節」在牛街舉辦。本屆清真美食文化節主題為「宣傳黨的民族政策，弘揚清真飲食文化，拉動清真餐飲消費，服務京城百姓」，為素有盛名的京城清真美食又添新綠。

二〇一二年五月「吃在北京美食文化節」在北京前門步行街拉開帷幕，120餘家京城內外的特色名吃、品牌餐飲和名優食品沿著古韻天街一溜排開，吸引眾多遊客

爭相品嚐購買。

京郊各地還憑藉自身盛產果蔬的資源優勢舉辦各種特產節，如大興的「西瓜節」、平谷的「桃節」、懷柔的「板栗節」等，使京城百姓大飽口福。

三、飲食文化新潮流

❶‧崇尚純天然的綠色有機食品

有機食品（Organic Food）是近年國際上對無污染天然食品的統一提法。它來自於有機農業生產體系，是一種根據國際有機農業生產要求和相應標準生產加工，並通過獨立的有機食品認證機構認證的農副產品。其最主要的特點在於生產和加工過程中不使用任何人工合成的農藥、肥料、除草劑、生長激素、防腐劑和添加劑等化學物質，注重生態環境保護和資源的可持續利用，是一種標準化、規模化的農業生產方式。在這種優良的生長環境中生產出來的農產品沒有化肥和農藥殘留，或者殘留量很低，對人們的身體健康十分有利，北京有的商家在專營有機食品、飲品，如有機菜、有機茶等。

❷‧飲食與保健、養生相結合

在中國傳統飲食文化中有「藥膳」和「食療」的說法，但是這種飲食方式更多的是和中醫結合在一起，而且其重點在於「療」，目的也在於「療」，推崇這種飲食方式的人以老年人為主。而近年京城興起的飲食保健和飲食養生則是通過有意識地對飲食和生活進行調理，於不知不覺中達到保健和養生的目的。由於這種生活方式簡單易行，因此受到社會上許多人的青睞，並因此而形成一種飲食潮流。這種生活方式講究將飲食、運動和日常作息結合起來，培養一種健康的、有規律的生活習慣。而具體的飲食內容，則根據氣候和季節的不同而有所不同。例如，春天天氣多變，乍暖還寒，這個季節應多吃清淡易消化食品。夏季酷熱多雨，人的腠理開洩，暑濕之邪最易乘虛而入，所以在飲食上應注重清熱除濕，不

宜食用溫補燥熱的食物，少吃辛辣，多吃果蔬。秋季暑熱未盡，涼風時至，秋燥易傷津液，因此，要及時補充水分，飲食以滋陰潤肺為佳。冬天天氣寒冷，是進補強身的最佳時機，日常飲食要以溫熱性食物為主，最宜食用能滋陰潛陽、熱量較高的食物以及青菜、菇類等綠色蔬菜。如今這些理念已經深入到京城百姓的心中。

❸・注重粗糧細糧相搭配，保持營養平衡

二十世紀八〇年代以來，隨著人們生活水平的提高，包括高粱飯、豆餅、窩窩頭在內的粗糧食品逐漸從人們的食單上消失了，人們的飯桌成為大米白麵的一統天下。而近年來隨著綠色有機食品的廣泛流行，以及健康意識的加強，人們逐漸認識到粗糧作物中也含有大量人體所缺乏的營養物質，粗糧和細糧食品相結合，可以有效地補充純細糧中營養元素的缺乏，特別是對於那些比較挑食的少年兒童來說，粗糧更能補充他們成長所需要的許多營養物質。也給常吃細糧的人換個口味。如今京城的小吃店裡，賣菜窩頭、菜糰子、雜麵條的攤位經常排長隊，為的就是吃上一口粗糧。京城的百姓還喜歡吃野菜，常吃野菜，可以有效地緩解高血壓、高脂肪、高血糖等富貴病。在京城的一些菜店裡，一些野菜比細菜還受歡迎，往往也能賣出個好價錢來。

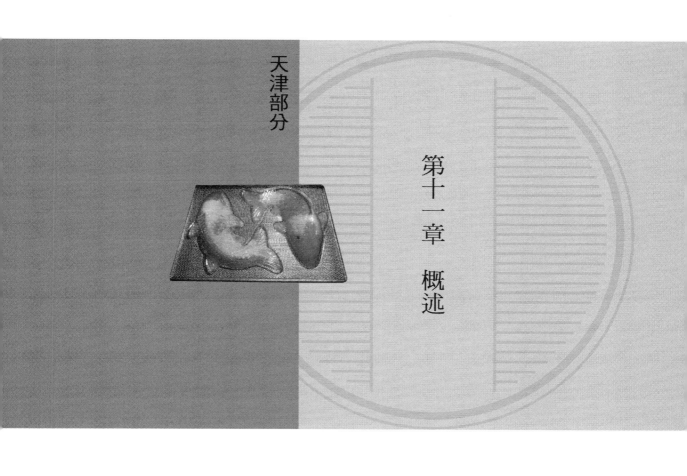

第十一章　概述

天津部分

天津地區位於海河之濱、渤海之灣，其地形多樣，北部是山區，南邊是平原，依山傍海，河道眾多，氣候溫潤。多樣的地形，溫潤的氣候孕育了豐富的飲食物產。清代張燾在《津門札記》中記載：「津沽出產，海物俱全，味美而價廉。春月最著者有蜆蟶（xiǎnchēng）、河豚、海蟹等。秋令螃蟹肥美甲天下。冬令則鐵雀、銀魚，馳名遠近。黃牙白菜，嫩於春筍。雉雞鹿脯，野味可餐。而青鯽、白蝦四季不絕，鮮腴無比。至於梨、棗、桃、杏、蘋果、葡萄各品，亦以此產者為佳。」豐富的物產正是天津地區飲食文化繁榮的堅實物質基礎。

　　天津地區建城至今已有六百多年，不過在建城之前就有長達萬餘年人類活動的歷史了。自周代以來，天津地區的隸屬與建置歷代均有變化。在長期的歷史發展過程中，天津地區不斷地與外來文化交流，逐漸形成了具有突出地域特色而又富有生命活力的地方文化，具有鮮明的包容性。天津地區的地理環境與歷史文化的發展是天津地區飲食文化形成的重要因素。

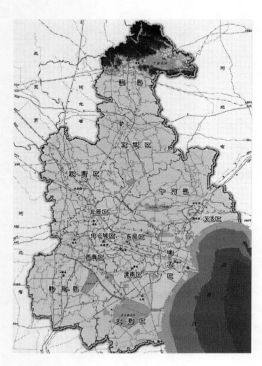

◀圖11-1 天津市行政區劃地圖（天津政務網）

第一節　臨河濱海的地理環境

天津地區位於華北平原的東北部，北依燕山、西靠太行、東濱渤海、南連平原。北起薊縣古長城腳下黃崖關附近，南至大港區翟莊子以南的滄浪渠，南北長189公里；東起漢沽區鹽場灑金坨之東的陡河西排干大渠，西至靜海縣子牙河畔王逬莊以西的灘德干渠，東西寬117公里。總面積11919.7平方公里，海岸線長153公里。

一、地形多樣，氣候溫潤

天津地區地勢西北高，東南低，以平原和窪地為主，北部有低山丘陵，海拔由南向北逐漸下降。地貌主要有山地、丘陵、平原、窪地、灘塗等。

天津地區的山地面積約651平方公里，主要分布在薊縣北部。丘陵海拔在200米以下，分布在薊縣的燕山南側。窪地分為兩類，一類是交接窪地，在山洪沖積扇的扇緣與河海沖積平原的交接處形成地勢低窪的窪地。另一類是河間碟形窪地，在河海沖積平原上，眾多的河道穿插分割形成了一些碟子形的窪地。因此，天津地區有像「團泊窪」等很多帶有「窪」字的地名。平原是天津地區陸地的主體部分，分布在燕山之南至渤海之濱的廣大地區，屬於河海沖積平原。天津地區博物館研究員韓嘉谷先生在其著作《天津地區古史尋繹》中說：「天津地區平原基本上是全新世海浸的海面下形成的」。因此天津地區是我國海拔較低的城市。

由於海拔較低，所以天津地區河道眾多，是海河五大支流南運河、北運河、子牙河、大清河、永定河的匯合處和入海口，素有「九河下梢」「河海要沖」之稱。流經天津地區的一級河道有19條，總長度為1095.1公里。還有子牙新河、獨流減河、馬廠減河、永定新河、潮白新河、還鄉新河等6條人工河道。

天津地區位於中緯度歐亞大陸東岸，主要受季風環流的支配，是東亞季風盛行

的地區，屬暖溫帶半濕潤性季風氣候。主要氣候特徵是，四季分明。春季多風，乾旱少雨；夏季炎熱，雨水集中；秋季氣爽，冷暖適中；冬季寒冷，乾燥少雪。

在這個地形不同、土壤類型多樣的區域生長著種類豐富的動植物。四季分明，溫暖濕潤的暖溫帶半濕潤性季風氣候決定了物產具有鮮明的季節性。長達200天左右的無霜期與2500-2900小時的光照時間為農業生產提供了良好的氣候條件。天津地區的地理環境為區域內豐富的物產生長提供了便利的自然條件。

二、以河海兩鮮為主的飲食物產

「九河下梢」的地理環境造成地勢低窪，斥鹵遍布。這種不利於農業種植的環境卻孕育了豐富的海鹽資源，不僅帶動了煮鹽商業，居民在飲食口味上也偏鹹。河道交織，瀕臨渤海灣，每年四季都有大量河海兩鮮上市。地理環境與物候條件決定物產，物產決定飲食原料。人們在適應自然環境與社會環境的過程中形成了飲食結構。

天津地區菜餚受自然物產的影響，以河海兩鮮為主。「吃魚吃蝦，天津為家」的坊間民諺，表明天津地區富產魚蝦，人們日常飲食就食用魚蝦。「嘗嘗吃海貨，不算不會過」，是飲食結構對天津地區人飲食觀念的影響。

三、飲食物產影響下的津菜

津菜發展的先天條件是地理環境。津菜名菜和大眾菜中多為以河海兩鮮為原料，其次是雞、鴨、牛、羊肉等。天津地區人民充分利用本地飲食物產，選擇或改進烹飪技法，製作出眾多的名菜佳餚。中國財政經濟出版社一九九三年出版的《中國名菜譜‧天津風味》收錄天津地區名菜248道，其中以河海兩鮮為原料的占119款，占總數的48%。40道禽蛋類名菜，雞肉菜餚16道，鴨肉菜餚16道，鐵雀菜餚4道。從這一數字可知天津地區河海兩鮮菜餚眾多。禽蛋類菜餚幾乎全是以天津地區

物產為原料。還有一些原料如栗子、大蒜、白菜、野鴨等也都是天津特產，在相互搭配食用的過程中，就創製出了一些地方名菜，如：「黃燜栗子雞」「大蔥雞」「蒜蓉鳳脯」「麻栗野鴨」「蟹黃白菜」「栗子扒白菜」等。往往一種特產就能生發出好多種菜品。如「金眼銀魚」就是天津地區特產，明清兩代是供奉皇室的貢品。人們以銀魚為原料製作出「白汁銀魚」「高麗銀魚」「硃砂銀魚」「銀魚紫蟹火鍋」等名菜。又如與銀魚齊名並稱的「七星紫蟹」聞名京都，以其為原料，製作出多種津菜名肴，如「七星紫蟹」「華陽紫蟹」「酸沙紫蟹」等。在長期食用過程中創製的名菜，把天津的物產做到了高超的境界。

津菜擅長勺扒、軟熘、清炒、清蒸等獨特技法，尤以「扒」法著稱，「勺扒」是津菜絕技。「扒，是將經過初步熟處理的原料齊入鍋，加湯水及調味品，小火烹製收汁，保持原形成菜裝盤的烹調方法。通常用於魚翅、熊掌、海參等高檔原料，或整雞、整鴨等。」[1]如津菜名菜中的「扒通天魚翅」「黃扒大翅」「扒蟹黃魚肚」「扒參唇腸」「扒鮑魚蘆筍」等都屬於高檔菜。魚、蝦、蟹、海參、魚翅等河海兩鮮一般要求保持原形成菜裝盤。所以，「扒」這種獨特技法主要是受原料特點影響而形成的。

津菜口味多變，以鹹鮮清淡為主。海鮮口味鹹鮮，河鮮口味清淡，這種主要口味同樣源自河海兩鮮的飲食原料。圍繞鹹鮮清淡的口味，廚師們運用多種技巧來突出這一美味特色，創造出蹲湯、製湯、爆滷等特色技藝，津菜形成了「無菜不用湯」的特徵。同樣是天津的物產造就了天津的口味。

中國飲食文化中的「天人合一」思想其實就是自然與人的物質交換，人在自然中獲取生存發展的資源，因此要主動適應自然環境順勢而為，而並非無限制地改造索取。天津地區飲食中的原料、烹飪技法、飲食口味等方面的特點就是這一飲食思想的具體體現。

1　中國烹飪百科全書編委會編：《中國烹飪百科全書》，中國大百科全書出版社，1992年。

第二節　上下萬餘年的歷史

一、先秦時期——飲食文化的產生形成時期

早在遠古的洪荒時代，薊縣一帶就有先民的活動。考古證實，薊縣東營坊遺址距今已有1萬多年。

史前時期，由於缺乏文字記載，關於這一時期的政治經濟概況，是以神話傳說或口頭英雄史詩的形式再現的。這些口頭傳承可能含有遠古時期的真實歷史信息，但是其真實性沒有得到確鑿的證實。夏朝建立後，在夏王朝王權版圖之外存在著一些諸侯國。當時天津地區屬於終北國。根據夏商周斷代工程的研究成果，夏朝始於西元前二〇七〇年，也就是說距今四千年左右的天津地區屬於終北國。

商周時期，天津地區屬於無終子國，其中心地帶位於今天的薊縣。《左傳》載：「無終子嘉父使孟樂如晉，因魏莊子納虎豹之皮，以請和諸戎。」[1]春秋時期山戎建立的無終子國已能種植戎菽、戎蔥等糧食蔬菜。不過，同狩獵相比，所占比例較小。

戰國時期，天津地區以海河為界南北分屬趙、燕兩國，據《周禮》記載，燕國種植作物中主要有黍、稷、稻，燕國的手工業涉及鐵器、銅器、漆器、骨器、玉器與紡織品等工藝行業。從考古發掘的大量燕國刀形幣來看，燕國的商業曾經輝煌一時。天津地區臨海低窪的地理環境決定了農業發展滯後，這種狀況直到明清時期才有所改觀。同燕國相比，地處中原的趙國其經濟發展水平更高。在農業方面，趙國曾在天津地區的平原興修水利，治理水患。農作物有黍、粟、麥、菽、高粱等。手工業方面，趙國在戰國時代以冶鐵著稱。除了鑄鐵外，鑄銅、製陶、玉石等行業也比較繁榮。趙國的國都邯鄲是戰國時期的商業名城。戰國時期，燕趙兩國的經濟發展促進了飲食文化的發展。

1　楊伯峻：《春秋左傳注》，中華書局，1995，第935-936頁。

好

中國飲食文化史　■　京津地區卷・下冊

從中國歷史的社會文化發展情況來看，先秦時期是農耕文明的奠基時期。這一時期，天津地區社會發展處於諸侯王國統治下的王權社會階段，原始信仰與王權追求並存，來自中原的農耕文化與游牧文化並存。天津地區發掘出來的戰國時期的鼎、簋等飲食器具表明飲食出現了階層分化。就先秦時期天津地區的社會經濟與社會文化發展對飲食文化的影響而言，飲食文化處於初始形成的階段。

二、秦漢至宋遼金時期——飲食文化的緩慢發展時期

秦漢時期，天津地區地處東北邊境。秦始皇一統天下後在全國推行郡縣制，在燕國故地沿用舊稱「右北平郡」，天津地區屬於右北平郡的範圍。為了加強管轄，在今天寶坻區境內修建了城池，史稱「古秦城」。在秦城遺址發掘出的兩枚秦代官印證實了這一史實。寧河縣的田莊坨和寶坻區的古秦城都出土了印有「大富牢嬰」字樣的陶甕殘片。裴駰（yīn）在《史記集解》中引用如淳的解釋，「牢」「嬰」分別指「廩食」（即糧倉）和「煮鹽盆」，表明這個時期天津地區的農業生產已比較發達，煮鹽業也有了管理機構。

西漢時期，天津一帶分布著村莊和一定數量的城邑。天津地區的經濟在和平時期便能獲得發展，一遇戰亂便會遭受打擊。西漢時期，渤海入浸陸地，天津地區近海一帶的繁華景象被海水淹沒。東漢後期，海水退回，滄海又變桑田。東漢末年曹操北征烏桓，在天津地區平原上開鑿了三道河渠，即平虜渠、全州渠和新河。三道運渠作為運糧河道，開闢了天津地區漕運的歷史。

曹魏政權在天津地區興修水利，推行屯田，在一定程度上促進了農業生產。魏元帝景元三年（西元262年），河堤謁者即中央派往地方主管水利的官吏，樊晨奉命改造戾陵堰水門，渠水灌溉良田萬頃，漁陽郡和右北平郡均受益。這一時期渤海地區的鹽業有了一定的發展，並有了徵稅機構。《水經注・濡水》中所謂的「鹽關口」就是曹魏政權征榷鹽稅的地方，故址位於今天的寶坻城區。同時，在今寧河縣設置鹽官，說明煮鹽業已發展到需要官吏管理的程度。

東晉十六國時期，雖然一些政權在這裡發展生產，但都是短暫的，不久就毀於戰亂。北魏時期天津地區分屬於浮陽郡的章武縣、章武郡的平舒縣、漁陽郡的泉州縣和無終縣。北魏拓跋氏十分重視渤海鹽業之利，在天津地區及其附近設立了煮鹽灶630餘個。

秦漢魏晉時期，儒釋道文化都具備了，飲食文化必然要受到三種文化的影響。如在天津武清區蘭城遺址的東漢鮮於璜墓中，出土了一件飲食器具「石盒」，盒的一側斜面上浮雕著一隻獨角獸。獨角獸被稱為「仁德之獸」，寓示著主人生前崇尚儒家的仁德思想。

隋代開挖了流經天津地區的永濟渠。隋煬帝大業四年（西元608年）挖通的永濟渠由靜海縣的獨流鎮西折，流向北京地區，形成了京杭大運河。永濟渠的漕運是為攻打高麗準備軍糧用的。唐代延續了隋的漕運功用，天津東麗區發現的軍糧城遺址，就是唐代運糧時修建的倉庫。太宗攻打高麗不成，繼後興起的契丹不斷擾邊，這一地區邊患不斷。唐代的海運、屯田、鹽屯，在一定程度上促進了這一地區的經濟發展。為了加強防禦侵擾邊境的北方游牧民族，政府推行江南糧食補充幽州的政策。平原河流入海的海河口成為漕運的轉輸基地，史稱「三會海口」。唐代開元年間為補充漕運的不足，大力推行屯田制度，幽州節度使兼管河北平原的屯田，幽州一帶的屯田多屬於軍屯。由此看來，唐代天津地區戰亂頻繁，常駐人口不多，戍邊士兵居多。天津一帶除了軍屯以外還有鹽屯，《通典・食貨》載：「幽州鹽屯，每屯配丁五十人。一年收率滿二千八百石以上。」

北宋時期，天津地區是宋遼兩國的邊境，海河以南，修建了水網用來防禦遼，人煙稀少。海河以北，一度是遼的疆域。在遼的疆域內經濟有所發展。自宋太宗淳化四年（西元993年）始，黃河多次決口北移至天津地區入海。「三岔口」等今日的市內地名始見於史籍。《宋史・河渠志》：「自元豐間小吳口決，北流入御河，下合西山諸水，至青州獨流寨三岔口入海。」

隋唐兩宋時期，天津地區地處中原皇權與契丹、女真等少數民族政權的統治之下，皇權社會與少數民族政權並存發展。這個時期佛教興盛，尤其是薊縣一帶，唐

代初期修建了獨樂寺，遼時期又修建了大量的寺院。佛教的興盛，茹素的宗教飲食影響了天津地區飲食文化的發展。

金占領天津地區後，發展漕運，推行屯田，經濟得到了發展。金在寶坻和靜海大力發展鹽業，在寶坻設立管轄徵稅的鹽司。寶坻的漕運與鹽業對金中都的意義非同尋常。漕運保證了金中都的糧米等生活物質供應，漕糧的轉運形成了經濟繁榮的市鎮。鹽是百味之王，寶坻出產的鹽品質優良，是調味的上佳之品，它有增鮮、提香、殺菌消毒的作用。

金把五代時期趙德鈞設置的「権鹽院」改為「鹽使司」。自此這裡因為鹽業市場逐漸繁榮，漁鹽之利不僅讓本地大戶人家世代富足，而且吸引著南方貨商，使這裡發展成為重要的商貿集散地，地方人口的數量與社會富庶的程度與州郡相當。金大定十二年（西元1172年）設立寶坻縣。

金泰和五年（西元1205年），在翰林院應奉韓玉的主持下開挖通州漕河。新的漕河經天津地區的三岔口直達通州，三岔河口成為京都漕運的樞紐。三岔河口繁榮一時，在這裡設立了管理漕運樞紐的直沽寨，為天津地區城市的出現奠定了歷史的起點。

秦漢至宋遼金時期，地處邊疆的天津地區經濟發展時斷時續，飲食文化發展十分緩慢，甚至萎縮。

三、元明清時期──飲食文化的成熟時期

元代初期天津地區的人口銳減，靖海、漁陽、寶坻等都屬於人口不足兩千戶的下縣。元統治者深曉鹽業的豐厚利潤，在滅金的當年（西元1234年）就在三岔口設立了鹽場，徵收重稅。天津地區發展出了六個鹽場，在大直沽、三汊沽、寶坻設置鹽司。

元代開闢了海運，海運與河運使得樞紐直沽更加繁盛。為適應直沽的發展需要，元代在直沽設置了海津鎮，設立了鎮署衙門。直沽由金時的村寨發展為元代的

市鎮。

　　明清時期，海津鎮發展為天津衛，天津城形成。明成祖永樂二年（西元1404年）設立天津衛和天津左衛，永樂四年（西元1406年）改青州左護衛為天津右衛，天津三衛形成。清順治九年（西元1652年）將天津三衛合併為一衛，統稱天津衛。清雍正三年（西元1722年）升格為天津州，隸屬河間府，天津由軍事衛城轉變為城市。

　　明清時期，天津衛的城市功能轉變，刺激了城市商業和文化的發展。始建於明正統元年（西元1436年）的天津文廟開創了天津地區官辦學校的先河。城市商業和文化的發展促進了飲食文化的發展。每年農曆春秋，在文廟各舉行一次祭孔大典。屆時州縣官員、士紳和師生集體祭拜，供豬、牛、羊等三牲祭品。農曆八月二十七是孔子的生日，這時所有的學校都要放假，要集體向孔子行禮。唸書人家家家戶戶吃撈麵表示慶賀，並叮嚀子孫好好唸書。

　　元明清時期是天下一統時期，天津地區不再是戰爭頻繁地，農業、手工業與商業形成了連帶作用。因漕運而興的手工業和商業促進了城市的發展與繁榮，城市的繁榮帶動了周邊地區農產品的商業化。天津地區的經濟在清代達到了古代歷史的高峰。社會文化持續發展，在漕運與鹽業的刺激下，社會文化走向繁榮，飲食文化更加豐富，飲食的社會交往媒介作用趨於常態化。

　　元明清時期天津地區的飲食文化隨著社會經濟與社會文化的發展進入了成熟期。

四、晚清民國時期──飲食文化的興盛時期

　　晚清至民國時期是天津地區的近代化時期。第二次鴉片戰爭爆發後，英法強迫清政府簽訂《北京條約》，其中重要的一條就是把天津地區開闢為英法自由出入的通商口岸。在西方的槍炮下，天津地區被迫成為開放口岸。所以說，同中國其他沿海城市一樣，天津地區是被迫向近代化轉型的。被迫的表面原因是清政府的腐敗無能，其深層原因是在資本主義世界體系的建立過程中，中國社會與生產關係的被動

調適。

天津地區被迫開埠後，逐漸融入資本主義世界體系。一方面遭受西方殖民，一方面向近代化轉型。英法商人進駐天津後不久，便在天津建立了租界。隨後美、德、日等國在天津建立租界。一九○○年，八國聯軍侵華，俄、義、奧強迫把在天津的占領區劃為租界。天津地區的城市發展呈現了華洋分區、近代資本主義工商文明與傳統工商文明共處的發展局面。城市繁榮的工商業、摩登的近代生活吸引著大量移民來此，他們或謀生或尋求發跡，城市人口快速增加。

晚清民國時期，天津地區的社會文化完成了向近代化的轉型。區域社會文化與西方社會文化在這裡交融發展，傳統與現代，保守與開放，維護與變革在這裡交織。近代化的金融、保險和工廠衝擊著了傳統的商號、作坊。在這種時代背景下，天津地區飲食文化中也融匯了麵包黃油的西餐。各地商幫帶來了不同的烹飪風味流派，並與本地飲食相結合，使津菜逐漸成熟，標誌著飲食文化發展到興盛階段。

飲食文化層次更為完善，食為果腹的城市貧民、商販；講求風雅的知識階層、藝人；追求奢侈排場的富商、官僚、寓公；食用西餐的外國僑民、外商、洋行買辦等階層的飲食，構成了天津地區飲食文化的不同層次。「果腹層」「風雅層」「西餐層」和「奢侈排場層」形成了飲食文化層次由低到高，群體人口由多到少依次遞減的塔形結構。社會交往出現了政治化與外交化傾向，飲食文化也融入了西方飲食文化，在對外交流中天津地區飲食文化由成熟走向了興盛階段。

五、新中國成立至今──飲食文化的轉型時期

中華人民共和國成立以後，天津地區社會經濟發展分為三個階段。一九四九年至一九五六年，天津地區經濟經歷了恢復、全面建設時期，獲得了較快的發展。從一九五八年到一九七六年「文革」結束，基本上處於停滯甚至萎縮時期。一九七八年以後，隨著改革開放的不斷深入，特別是市場經濟的發展，天津地區經濟發展迅猛。現在，天津已經成為國際化的大都市，同近代化的國際都市相比，天津已主動

融入經濟全球化的進程中。天津地區飲食文化的發展面臨著新的轉型，文化作用日趨加強。

同經濟發展一樣，新中國成立以來天津地區社會文化的發展也經歷了兩個階段。自一九四九年新中國成立到文革結束，天津地區社會文化的發展是以政治為主導。尤其是十年文革，天津地區的社會文化慘遭浩劫。改革開放以來，天津地區的社會文化步入現代化快速發展的歷史時期。民眾參與社會文化建設的層面愈發廣泛，文化對外交流日益廣泛深刻。在全球化進程中承負著保持民族文化特色的時代使命。

飲食文化也相應面臨著時代轉型的考驗與挑戰。就飲食文化的發展趨向而言，新中國成立後至今天津地區飲食文化處於現代化階段。

第三節　四方交會的文化

天津文化是天津地區原生態文化與外來文化相互交流發展的成果，期間既有本土文化的融匯變遷，也有外來文化的本土化。位於海河之畔的天津地區，處於黃河流域與遼河流域的交界地，三大河流都孕育了燦爛的歷史文化，位於交界處的天津地區，其歷史文化具備三大河流文化交流融會的特徵。如果說上海文化是因海而興的海派文化，那麼天津地區則是憑渡口而興的津派文化。天津地區依山傍水，在西北部茂密的山林裡有遠古文明的薪火。南面是「九河下梢」之地，連通皇城國都與「東南形勝」吳越的運河在這裡轉渡。河道溝通南北東西，來自各地的人們在這裡或者「打尖」（天津方言，指的是行途中吃便飯）歇腳，或者居住生活，形成了五方雜處的格局。東面緊鄰浩瀚無際的海洋，這裡長期浸潤著海洋文明。聚族而居、安土重遷的農耕文明與漂泊無定、冒險勇進的海洋文明在此交會。因此，天津地區文化的特質就是四方交會。

天津地區的飲食文化深受這種文化特質的影響。天津人愛吃的「貼餑餑熬小魚」

就是農耕文明與海洋文明交會的反映。「貼餑餑熬小魚——一鍋熟」這句天津地區歇後語表明這道小吃在天津地區已經家喻戶曉了。餑餑是新玉米麵做成的餅子，小魚是海產小鯽魚。熬製時用高粱稈編成的籠帽蓋住鍋。這道天津飯食是農作物與海產品的完美結合。

一、射獵飛禽的游牧文化

夏商周文化對中國文化的形成與發展影響至深，當時的天津地區處於山戎人建立的無終國，屬燕、趙、齊等諸侯國控制的範圍。所以天津地區文化有射禽獵獸的游牧文化元素。游牧民族善騎射，飲食原料中飛禽占較大比例。

天津地區人喜歡吃飛禽，尤其是鐵雀，被列為「冬令四珍」之一。鐵雀形似麻雀，腿黑色，有「盤山凍雪高三尺，鐵腳飛飛始展翅」之說，故稱「鐵雀」。另一說法是發育成熟的麻雀，捉回來很難養活。放養在籠裡也是不吃不喝，最後撞籠而死。之所以稱其為鐵雀，是喻其不食嗟來之食，志堅如鐵之意。

天津地區名菜中就有「炸熘軟硬飛禽」「釀鐵雀」「炸鈴鐺」「雀渣」四道以鐵雀為主料的菜餚。鐵雀已經成為天津地區飲食行業對飛禽的俗稱。晚清詩人唐尊恆寫下了「樹上彈來多鐵雀，冰中釣出是銀魚。佳餚總在封河後，聞說他鄉總不如」的讚美詩句。「聞說他鄉總不如」刻畫了天津地區鍾愛鐵雀的地方飲食文化特色。但現在鐵雀已經很少見，並且如今鳥類已受到保護，也不提倡食用。

▲圖11-2　貼餑餑熬小魚

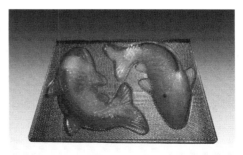

▲圖11-3　年年有餘年糕

◀圖11-4 天津天后宮

二、鬥勇好技的漕運文化

天津地區因水而生，鹽業與漕運讓古代的天津地區由村寨發展成北方重鎮。天津地區的漕運始於東漢末年曹操開渠船運軍糧，發展於金、元時期，興盛於明清。「先有天后宮，後有天津城」，「天津是運來的城市」等民諺形象地說明了天津城與漕運的淵源。

身負皇命的漕運人員要保證把這些糧食從江南安全運抵，船伕舵手們必須沉穩而勇猛方能不辱使命。天津地區作為中轉碼頭，擔負著卸載與裝運的任務。搬運這些沉重的糧包需要的是力量與勇氣，當地的碼頭搬運工們都身強力壯。來自不同地區的漕工與搬運工容易結成地緣團體，這既是合作完成任務的需要，也是在漕運中立足發展的需要，以地緣關係為紐帶的幫派就此而生。其首領要勇猛，更要身懷絕技，這樣才能服眾，鬥勇好技成為這個群體的文化性格。

漕運的發展促進了包括飲食等天津地區商業的發展，天津地區著名的老商業街「估衣街」就是漕運刺激下發展起來的。天津地區人常說「先有一條街，後有天津衛」，這條街說的就是估衣街。估衣街東起三岔口旁邊的大胡同，沿著南運河岸，東西伸展，西至北大關。每逢船隻靠岸，漕運工人下了船，總要到這裡買些衣物、

吃食。估衣街的形成，也帶動了文化、餐飲的迅速發展。茶湯、煎餅、炸糕、糖堆等各種小吃以及各種乾鮮果品應有盡有。天津地區高檔飯莊的代表「老八大成」大部分在估衣街舊賈胡同或侯家後。有「估衣街裡趙洪遠，一飯尋常費萬錢」的說法。

漕運運來的南方飲食物產與漕工的飲食觀念影響著天津地區飲食文化的發展。靠漕運為生的南方漕工和北方的轉運腳伕生活不甚富裕，需要以較少的支付填飽肚子。在這種飲食需求下，製作簡便，融合南北，價格低廉，量大油多的小吃就逐漸發達起來。

天津文化中富含南方文化元素。在交流中南方的語言文化也融入其中，天津文化散發著粗獷豪放的碼頭文化與煙雨詩意的江南文化相融合的氣息。

三、追求生活情趣的民俗文化

民俗是民眾心理願望的儀式化表達。從古至今，天津地區就不是政治中心。陳克在《關於天津文化的理論思考》一文中指出「天津文化反差較大的雙重性格表現之一就是經濟的中心化和政治的邊緣化。」在手工百業中發展起來的城市呈現各業並存的局面。傳統手工業都有自己的行業信仰，其共同指向是行業興隆。城市的發展模式形成了發達的民俗文化。手工業與民眾生活息息相關，無論是生產者還是消費者都是為生活而奔波的下層人民，他們的民俗信仰就是生活美滿、平安吉祥。因此發達的天津地區民俗文化充滿著生活情趣，民俗文化也影響了人們生活中的飲食起居。

寄託著生活一年好一年的江米年糕成為天津地區特色小吃，還有以麵粉、紅棗為原料蒸熟食用的塔式年糕也別具特色，吃的時候把年糕切成片，油炸後蘸著白糖吃。後來年糕突破了過年時的限制，成為市面上日常售賣的地方小吃。近代天津地區南市有一家吳姓年糕店，製作的夾餡年糕以豆沙、棗泥、山楂等為餡，外撒青紅絲和玫瑰，成為津門佳品，被人稱為「年糕吳」。「年糕吳」的夾餡年

糕廣受歡迎的表層原因是他的製作技藝高超，深層原因則是天津地區人們追求美好生活的民俗文化心理。美好生活的表達有多種方式，天津地區的婚禮飲食習俗就蘊含著子孫滿堂，幸福長壽的美好願望。送入洞房後，新郎新娘要吃麵吃餃子，俗稱「子孫餑餑」，取吃了「子孫餑餑」生子孫之意。新婚之夜夫妻雙方要吃麵，俗稱「長壽麵」，吃下長長的麵條意味著夫婦二人生命長壽、長相廝守。天津地區飲食文化中不僅有美好生活的企盼，也有嚮往正義的表達，春節期間的「破五」食俗傳達的就是弘揚正義的心理。天津地區有句描述春節期間飲食習俗的諺語「初一的餃子初二的麵，初三的合子往家轉，初四烙餅卷雞蛋。」初五吃「破五」餃子，俗稱「捏小人嘴」，把小人的嘴捏住，斷掉是非之源，求得來年生活吉祥。這也表明美好的生活不僅需要一定的物質滿足還需要富有正義的社會環境。

四、中外融匯的商埠文化

第二次鴉片戰爭的炮火打開了天津地區對外的門戶，在屈辱中天津地區成為通商口岸。九國租界建立，資本主義工商文明湧入這個碼頭城市，隨之而來的是西方的文化。提倡忠孝，講求倫理秩序的傳統文化與講求民主、法制、科技的西方文化在這裡碰撞。同西方的工商業一樣，西方文化也是伴隨著西方殖民者的堅船利炮進入天津地區的。本土文化被動地接受強行而來的西方文化，天津地區的近代文化表現出開放與保守並存的雙重性格。天津地區民眾對於中西飲食的不同觀念就是文化雙重性格在飲食文化領域的體現。

西餐是隨著西方殖民而進入天津地區的。早期的西餐出現在外國僑民生活的租界內，一些旅館、俱樂部等附設西餐室。民眾對西方殖民的敵對仇視也使得他們起初對西餐有著牴觸情緒。食用西餐的多為外國人和被稱為「洋奴」的洋行買辦。天津地區的買辦主要是廣東人，其次是寧波人和一些本地人，廣東人接觸西餐較早，易於接受。另外，與傳統飲食方式不同的西式飲食方式也是人們早期不能接受西餐

的因素，例如生食、冷飲、男女共席等。隨著中西方的深入交往，官僚、知識分子等一些上層人士逐步接受了西餐。上層的引領，開啟民智的近代教育、報刊的輿論導向等因素，逐步改變了人們對西餐的態度。至民國時期吃西餐成為飲食時尚。知識階層對比中西飲食得出「中國人請酒，男女分席不交一言，視女如僕；西國人請酒，男女同席，待女如男」的感慨，也表達出對西餐飲食禮儀的讚賞。民國初年，麵包、蛋糕等西式糕點的消費刺激了麵粉工業的發展，天津地區成為麵粉工業六大城市之一。儘管人們把西式飲食作為時尚，但內心仍然傾向傳統飲食，「白蘭地酒勝葡萄，味美香檳價亦高。猶憶從前風俗樸，一壺黑小燙燒刀」。這首出自知識階層的竹枝詞表達了民眾對傳統飲食的依戀之情。

第十二章　先秦時期

考古證實，天津地區人類活動的遺跡，距今約一萬年。先民的飲食活動，從採集、漁獵等天然食物的獲取到飲品食物的製作經歷了八千多年的漫長時間，這個歷史時期是天津地區飲食文化的產生時期。飲食器具由起初的石器發展到陶器，戰國時期鐵製農具普及。植物採集發展為原始農業，動物漁獵發展為原始養殖業。飲食原料生產、飲食器具的製作促進了飲食審美的發展。到戰國時期，天津地區飲食文化中的物質、制度、行為、精神觀念都已具備，飲食文化形成。

第一節　陶器為主的器具

人類與動物的重要區別之一就是工具的製作，原初人類製作工具的目的就是獲取賴以生存的食物。飲食器具是飲食文化發展的物質工具基礎，天津地區飲食文化史的發展也是從飲食器具的製作開端的。

一、舊石器時代遺址的石器

天津地區的古文化主要集中在位於燕山餘脈的薊縣。二〇〇五年，考古人員在薊縣的下營鎮、孫各莊滿族自治鄉、羅莊子鄉、官莊鎮、邦均鎮、城關鎮等地發現舊石器時代遺址27處。二〇〇七年五月，在東營坊遺址的考古發掘中，考古人員發掘出舊石器時代晚期的細石器1000多件，主要是石核、石片、尖狀器、鑽器、砍砸器、刮削器、雕刻器等。這些石器屬於中國北方小石器傳統。從器物的形態和類型來看，這個時期人類已經摸索出不同用途工具的加工方法。

經測定，這些石器距今約10萬至1萬年。細石器的出現表明東營坊遺址處於舊石器時代向新石器時代的過渡期。東營坊文化遺址至少證實，在北京山頂洞人活動的時期，天津地區也有古人類活動。東營坊遺址所發掘的石器中，絕大部分屬於獲取

▶圖12-1 陶磨，天津薊縣青池文化二期
　　　　出土（天津博物館提供）

食物的器具。這些比較原始的石器揭開了天津地區飲食文化史的序幕——尖狀器是
箭鏃的雛形，東營坊一帶的古人類已經能遠距離獵殺動物；砍砸器既用於獵殺也用
於簡單加工肉食；刮削器、石片等細石器用於加工肉食和獸皮。製造雕刻器、鑽器
是審美的需要，審美意識在飲食過程中得以產生和發展。

　　據考察，薊縣的原始森林始於新生代第三紀，可惜的是延續了百萬年的原始森
林在一九一〇年後遭破壞。從考古發掘的石器來看，舊石器晚期天津地區先民們的
飲食是以採集為主的生食，有部分狩獵。至今，薊縣森林中都生長著野獼猴桃、野
葡萄等水果。在採集野果與獵取肉食的過程中，促進了身體與思維的發育。舊石器
時代人類飲食處於生食階段，為獲取食物與避寒衣物而大量勞動，人類的生存能力
也在慢慢地提高。

二、新石器時代的石器與陶器

　　新舊石器過渡時期始於距今一萬年左右，天津地區的先民們在茹毛飲血的飲食
生活中繼續探索發展。進入新石器時代的標誌是薊縣的清池文化遺址。

❶·青池文化遺址的器具

　　薊縣的青池文化遺址呈現了飲食文化新水平。青池文化分三個文化層，考古工作
者把距今約8000-5000年的青池文化分為三個時期，每個時期相距約1000年。

青池文化遺址發掘出的器物主要有石器和陶器兩類，其中以石器為主。石器主要有石斧、石鏟、石杵（chǔ）、石磨盤、磨棒等。石質工具在用途上有了分工：石斧、石鏟用於農業生產；石杵、石磨盤、磨棒用於糧食加工。而陶器是用黏土燒製的器皿，說明8000年左右的天津地區先民已經掌握了用火製作器物的技術。青池文化時期，天津地區的原始農業不僅是單純的種植，先祖們已經懂得用石鏟等工具鬆土對農作物生長的促進作用。石杵、石磨盤、磨棒是運用打製與磨製等技術製作的細石器。這些糧食加工工具反映出糧食加工朝著細糧方向發展。石器中還有很多用於狩獵的石球、餅狀砍砸器。也有加工肉食與獸皮的刮削器，比東營坊遺址的製作更為精細。

陶器主要有陶罐、陶盆、陶缽等，製作技術粗糙，明顯處於原始製作階段。出土文物中有一件帶有紋飾的深腹陶罐是烹飪用的炊器，由此可以得知，人們已經能夠使用陶器烹製熟食。在青池文化二期中發現了石耜和石刀。石耜類似於後世的鋤頭，用於鬆土鋤草，可以把農作物生長的土壤整理的平整，可細碎土塊。石刀類似於後世的鐮刀，用於收割。二期的石球中間有凹形的石槽，用於拴繩索，帶有繩索的石球，利用投擲出的衝力可以遠距離地獵殺動物。二期的陶器製作也更為精細，陶缽底部有了圈足，有的已經出現了高腳杯的形態。「圈足」是指器物底部承托器物的圓圈，始於新石器時代，是鑑別器物的標誌。圈足讓器物變得輕盈灑脫，人們

◀圖12-2 陶碗，天津薊縣青池文化二
　　　　期出土（天津博物館提供）

使用更加方便，而且具有傳導熱量的作用。有些器物的圈足做得較高，中段鼓起，下段做成喇叭口形，類似於今天的高腳杯。這樣處理後既美觀又穩定，做到了實用和審美有機結合。

青池文化遺址出土的器物表明，在距今約8000-6000年的新石器時期，天津地區的原始農業發展到一定的水平，先民們製作出了農作物種植、管理與收割的專用工具。糧食加工朝著細糧方向發展，肉食加工工具比較鋒利。先民們不僅掌握了用火烹飪熟食，還掌握了製作陶器的技術。陶器製作由原始水平朝著精美的趨勢發展。飲食質量的提高促進了人類體質的增強，人們在飲食過程中的審美意識進一步發展，出現了原始藝術。

原始藝術主要體現在陶器的造型紋飾上。在青池文化一期中有一個深腹陶罐上裝飾有三段式紋飾，口沿下是數道弦紋；接著往下是一圈箍狀帶紋，帶紋下面是不規則的壓印網格紋。先民們以生活中的繩索、圓圈和漁網為原形創作出了精美的紋飾，反映出人們對生活的熱愛。二期中有飛鳥造型的石器，有「之」字紋的紋飾，有類似於藝術神器的炊器支腳。最引人矚目的是青池文化一期中的一件石龍，我國不同區域以石龍命名的地名表明石龍分布於多個區域。石龍文化是中華龍文化的初始，石龍的出土證實天津地區的人們在飲食生產與生活中產生了龍圖騰崇拜，這種崇拜隨著農耕文明的發展一直延續到今天。史前時期石龍圖騰崇拜主要源於對大自然威力與神祕感的心理恐慌，期望通過膜拜圖騰獲得穩定的飲食生活。

❷・圍坊文化一期遺址與下埝頭文化遺址的器具

圍坊文化一期距今約6000-5000年。出土的陶器有罐、鉢、壺、豆；石器有石斧、石鏃和大量的刮削器。圍坊文化分為三期，一期距今6000-5000年，二期距今5000-4000年，三期距今4000-3000年。

同青池文化相比，圍坊文化時期的陶器產生了壺、豆等新的器物。製作技術上以壁薄堅硬的夾砂細陶為主，裝飾紋飾類型更為豐富。不過，以紅褐色為主的色彩說明燒製陶器的火溫不高，製陶技術還是處於原始階段。石鏃就是石質的箭頭，表

明新石器時代末期天津地區先民的狩獵範圍擴大到飛禽。大量的刮削器說明食物加工趨於精細化。

陶罐用於打水、盛放糧食和烹飪食物。就大量的侈口深腹的陶罐而言，表明這個時期的炊器增多。熟食製作由燒烤向煮過渡。煮，是用火加熱水而製作熟食的烹飪方法。相對於燒烤、皮烹（去掉毛的獸皮，用繩子把獸皮的四角固定在樹上，中間放水，把燒紅的石頭扔進水裡，水沸騰後扔進食物煮熟）而言，煮更為先進。石鏃的發明把飛禽納入食物範圍，人們的食物更加豐富。

據考證，「陶豆」是盛放副食的器皿。漢代許慎《說文》曰：「豆，古食肉器也。」陶豆至少表明這個時期肉食相對豐富，製作也比較宜於食用，這才有了專門盛放的器皿。圍坊文化遺址一期發掘出用於農業生產的一件石斧，表面打磨得非常光滑，刃部也比較鋒利。雖然出土的農業生產工具只有這一件，但從製作水平上看高於青池文化。大量用於炊器的陶罐從側面反映出糧食的增多，原始農業水平有了進一步的發展。另外，圍坊文化遺址一部分遭破壞，出土器物只是其中的部分，如若能復原全貌，勢必會有更系統而豐富的信息。

與青池文化三期和圍坊文化年代相當的另一處文化遺址是薊縣下垻頭文化遺址。下垻頭文化遺址中出土了石斧、石錛、磨盤、磨棒、石鏃和刮削器等石器。陶器中有夾砂陶與泥質陶兩個類型。夾砂陶有釜、甕、罐等，泥質陶有盆、壺、碗、鉢等。在下垻頭文化遺址的房屋裡發現了火灶，由灶面、火種坑、火道和煙道組成。火灶比較成熟，與釜（陶鍋）一起組成了鍋灶。新石器時代末期的飲食生活已發展到用鍋灶做飯的水準。下垻頭文化有支腳的釜屬於北福地文化系統，紅頂鉢和小口壺屬於後崗一期文化，之字紋的陶罐與陶尊與紅山文化接近。文化因素的複雜性是上述不同類型文化在此交流融合的結果。

飲食水平的提高促進了人們審美追求的發展。圍坊文化遺址的陶器造型更為美觀，紋飾變得豐富，下垻頭文化遺址的彩繪口陶器表明人們的文化藝術水平有了提高，這是建立在物質生活進一步發展的基礎之上的。食物製作水平的提高也促進了人類體能和智能的發展，使人類活動範圍不斷擴大，促成了不同文化區域內人們的

交流，在交流的過程中不同文化因素發生碰撞融合，形成了文化元素的多樣性，促進了天津地區飲食文化的進一步發展。

三、夏商周時期的陶器與青銅器

夏商周時期又稱三代時期，這個時期中原地區的飲食文化對天津地區產生了一定影響。

❶・夏商時期的陶器

夏商時期的飲食器具主要反映在張家園下層文化和圍坊三期文化出土的文物上。天津歷史博物館研究員韓嘉谷先生認為張家園下層文化屬於臨近河北省大廠縣大坨頭文化的一個類型。張家園下層文化發掘出的陶器主要有鬲、甗、折腹盆、簋、罐、豆、缽、甕等。石器是兩件石斧。骨器有骨鏃、骨匕等。圍坊三期文化發掘出的陶器有鬲、甗、罐、甕、尊、盆等。通過對比可知，夏商時期新出現的飲食器具有陶製鬲、甗、簋和尊。

中原地區陶鬲的出現是在新石器時代的晚期，天津地區在夏商時期出現的陶鬲，可能是通過文化交流傳入的。陶鬲是煮飯的炊器，同陶罐相比陶鬲有三個袋狀

▶圖12-3 陶鬲，天津薊縣張家園遺址
出土（天津博物館提供）

▲圖12-4 商代晚期的天字銅簋，天津薊縣張
家園遺址出土（天津博物館提供）

足，可以立在地上，在三足之間放上柴禾直接煮飯，受熱快而且均勻。

陶甗，是在陶鬲的基礎上發展而來的復合炊器，甗的下面是鬲，上面是甑。陶甗把煮飯與蒸飯兩種功能的烹飪器具結合在一起，形成複合型炊具。陶鬲煮飯時產生的熱氣通過甑底部的氣孔上傳到甑算子上，從而把食物蒸熟。天津地區陶甗的出現有兩個前提，一是製作技術的前提，一個是飲食生活使用的前提。製作技術通過文化交流可以傳入，而飲食生活上的使用則是源於地區糧食的豐富性。煮飯，是糧食與水加熱煮製的稀飯，而蒸飯則是用糧食蒸製的乾飯。做乾飯的條件是農業水平發展到糧食產量足以能夠滿足人們吃乾飯的程度方可。在考古挖掘中，陶甗的出土數量很少，表明只是少部分人能吃上乾飯，飲食水平出現了階級分化，飲食文化層開始出現。著名飲食文化學者趙榮光教授提出了飲食文化層的概念，他認為「飲食文化層簡稱飲食層，是指在中國飲食史上由於人們經濟、政治、文化地位的不同而自然形成的飲食生活的不同的社會層次。」夏商時期天津地區出現了飲食文化階層的分化，反映了人們不同的社會地位。

簋，始出現於商代，出土的陶簋應當屬於商代晚期的器物。簋用於盛放熟食，先民們把做熟的食物不是在鬲、甑和甗中直接食用，而是放在簋中，再由簋中取食。陶簋不僅僅是一種飲食器具，而且具有彰顯階層差異的禮器色彩。

我國的尊，始於新石器時代，《說文》的解釋是「尊，酒器也」。也就是說尊是用

於飲酒的器具。據考，目前為止，我國的飲酒史約為9000年（距今約9000年的河南賈湖遺址出土了飲酒用的酒具）。夏商時期，尤其是商代以飲酒著稱。天津地區陶尊的出土證實了當地在夏商時期也掌握了釀酒技術。因為，凡是用於盛放液體的陶器都可以用作飲酒器具。飲酒專用器具「尊」的出現是釀酒技術發展的標誌。

❷·兩週時期的陶器與青銅器

周代分為西周與東周。張家園遺址中的墓葬出土了商周之際的飲食器具。張家園遺址的第三次發掘時發現了商周之際的四座墓葬，正式發掘了三座，出土了青銅鼎一座，還有青銅簋、石鐮等。其中三號墓和四號墓發掘出青銅鼎與青銅簋，組合在一起作為陪葬品。用生前的飲食器具「鼎」與「簋」作為陪葬品，反映了墓主人「事死如生」的觀念。商周之際，青銅鼎由炊器演化為禮器，成為使用者身分的象徵。禮器用於祭祀和貴族飲食，具有「等貴賤」「辨親疏」的作用。作為禮器的鼎與簋，一般是組合使用。平民和奴隸不得使用。

對於鼎與簋的使用數量，周代的禮制有嚴格的規定，天子享用九鼎八簋，諸侯七鼎六簋，大夫五鼎四簋，上士三鼎二簋，下士一鼎一簋。據此可知，張家園遺址的墓主人生前的身分是下士。《禮記·王制》：「王者之制祿爵，公、侯、伯、子、男，凡五等。諸侯之上大夫卿、下大夫、上士、中士、下士，凡五等。」下士是諸侯中最低的一等，墓主人生前使用鼎和簋標明了自己的爵祿身分。

西周分封建國，天津地區的南北分屬齊國與燕國。劉家墳遺址發現了天津地區最早的水井。水井是受中原文化的影響而產生的，是人們在定居後建造的生活設施。水井呈方形，井壁上用橫排樹幹做成護壁，底部鋪砌著石塊。從結構上看，天津地區的水井不同於中原挖鑿的圓形水井，顯然是中原飲食文化與本土飲食文化結合的產物。

同中原相比，這個時期天津地區的飲食文化較為落後。戰國初期，飲食器具仍以陶器為主體。寶坻區牛道口遺址發現了十多座春秋晚期到戰國初期的墓葬，陪葬品中的飲食器具為陶器，包括甕、盆、釜、罐等。寶坻區秦城遺址出土了戰國至秦

代時期的遺物，飲食器具幾乎都是陶器，有罐、盆、碗、豆、釜、甑等。在靜海縣古城窪遺址（齊國平舒古城遺址）出土了印有「舒」字的陶豆。在天津地區其他戰國時期的遺址中出土了陶尊、陶盤、陶匜（yí）等飲食器具。與此同時，在薊縣縣城周圍的戰國墓地也出土了少量的青銅鼎和豆。

在舊石器時代到戰國時期這個漫長的歷史時期裡，天津地區的先祖們在飲食生活中不斷發明和革新飲食器具，從粗糙的打製石器到裝飾有豐富紋飾圖案的陶器，再到少量的青銅器。飲食器具的製作水平體現了飲食文化中物質文化的發展水平，飲食器具的造型與裝飾，體現了飲食文化中先民的審美追求與觀念。總體而言，先秦時期天津地區的飲食器具以陶器為主體，為一般平民所使用。也有少量的青銅器，為少數貴族所使用。

第二節　以原始農業作物為主的飲食原料

先秦時期，天津地區先民飲食原料的來源有採集漁獵和種植養殖兩種方式，年代越是久遠，採集漁獵所占比重越高。稻穀種植、飼養家畜和磨製石器的出現，標誌著原始農業產生了，之後，種植養殖所占比重逐漸加大。這一時期天津地區飲食原料的主要來源是原始農業。

一、採集漁獵

天津地區早期人類的活動主要集中在燕山南部的薊縣，這裡發現了舊石器時代末期的東營坊文化遺址、新石器時代的青池文化遺址、圍坊文化遺址等。我們無法復原原始先民們的飲食生活具體場景。不過，通過考察考古發掘的飲食器具、獲取食物的工具，以及分析薊縣野生動植物的情況，就可以瞭解到先民那時採集漁獵的生活概況。

薊縣的原始森林始於約6500萬年前，直到一九一○年後遭人工破壞。但是次生林是原始風貌的延續，通過薊縣野生動植物的情況，大致能夠勾勒出原始先民的飲食生活環境。薊縣境內生長著千餘種植物，草本植物多於木本植物。從採集的難度上講，草本植物的果實種子更容易採集。木本植物的針葉林以油松為主，富含脂肪的松子、榛子等就成為採集對象。大量的槐樹、桑樹和榆樹提供了豐富的槐花、桑葚和榆錢。野果種類多樣，有酸棗、黑棗、山楂、軟棗、獼猴桃、山杏、山桃、山核桃、野葡萄、歐李、山櫻桃、山杜梨等。野豌豆和山扁豆等成為充飢的野菜。先民們適應森林生活，原始先民的採集能力比較強，野生植物的果實種子為他們提供了豐富的食物原料。

　　野生植物中還有百合、黃芩、遠志等藥用植物，在採集的過程中，先民們最初並沒有把它們與食用植物有意識地分開。在漫長的食用的過程中，先民們逐漸發現了其藥用價值，就用它們來醫病。這種狀況在我國其他地區也同樣存在，這就是中國飲食文化「藥食同源」的萌起雛形。

　　雖然上千種植物為先民們提供了豐富的食物原料，但是由於植物果實採集的季節性，使得日常飲食生活原料的來源變得不確定。相較之下，受季節性影響較小的是動物原料，同時能提供更為豐富的食物營養。薊縣史前時期文化遺址大多依山傍水，以求取水和捕魚之便。相對於捕獸來講，魚的捕撈及加工製作較為容易。獵殺走獸主要是為獲得肉食和禦寒的獸皮。

　　薊縣的野生動物資源豐富，有鼠類、野兔、狼、獾等獸類；中國林蛙、花蛇等蛙類蛇類兩棲動物；鯽魚、青魚等魚類，另外還有數百種鳥類和一些河蚌等水生動物。

　　採集工具基本上藉助於攀爬技能和使用樹枝、小石塊等工具。所以在史前人類文化遺址出土的工具中採集類的工具較為稀少，多數是捕獵和動物肉類的加工工具。

二、原始農業

在漫長的採集生活中，先民們通過對野生動植物生長的觀察和經驗總結，逐漸開始種植一些植物和馴化一些野生動物，在這個過程中產生了原始農業。

❶·種植業

雖然在舊石器時代向新石器時代過渡的東營坊文化遺址沒有出土原始農具，但是新石器時代的青池文化遺址一期出土了磨盤與磨棒等糧食加工工具。此類工具是在獲取糧食的基礎上發明的。比較成熟的製作技術說明，原始農業的產生要早於清池文化遺址一期很長時間。

天津地區先民活動的區域——薊縣，目前有上千種植物，而在遠古時期植物種類要遠遠超過現在。先民們在採集生活中掌握了一些植物的生長週期後，就把多餘的種子埋在土中進行人工種植。那時的原始農業尚處於盲目狀態，先民們只是把能夠獲取的多餘種子進行種植，在種植的過程中對作物的生長狀況、產量和種子的食用價值逐步有了比較，在比較的過程中進行優選，逐步掌握了影響作物生長與產量的因素，農業工具因而產生。

從天津地區史前文化遺址中出土的石斧、石鏟、石耜、石鏟、石刀等農業生產工具中即可得到印證。石斧，是由舊石器時代的砍砸器發展而來的，主要用於砍伐植物，開墾荒地等，在農業中用於翻土和砸碎塊狀土壤。石鏟，主要是用於挖掘或翻土。石耜，用於平整土地，細碎土壤。石刀，用於收割農作物。這些生產工具的出土，清晰地展示了原始農業由翻土到鬆土收割等農業耕作的發展脈絡。原始農業的作物種類很多，隨著人們的不斷比較、擇優栽培，逐漸形成百穀。「百穀」不是確切地指一百種穀物，而是很多種穀物的總稱。此後在百穀的基礎上逐漸優選，形成了五穀。同樣「五穀」也不是確切所指，也是多種穀物的總稱。不過從目前的野豌豆、野扁豆等薊縣的野生植物來看，豆類應該是天津地區原始農業的主要培育作物。

進入周代，天津地區分屬燕、趙、齊三國。據《周禮・職方氏》所記，幽州「其穀宜三種」，鄭玄《注》：「三種，黍、稷、稻。」《史記・貨殖列傳》講到燕國物產時曰：「有漁鹽棗栗之饒」。周代的幽州包括今天津地區的北部。《管子・戒》載：「北伐山戎，出冬蔥（cōng）及戎菽，布之天下。」戎，是北方游牧民族的一支，活動區域在周王室的東北部，又稱東胡。西周，山戎建立的無終國，不僅侵擾燕國，而且越過燕國攻打齊國。這一史實說明無終國與燕國交界，天津地區的北部正屬於這一區域。齊桓公北伐無終，不僅擊敗了山戎，還把無終地種植的菽、山蔥引進齊國，推廣種植。戎菽即胡豆。菽，古代五穀之一，是豆類作物的統稱。這一史實也印證了天津地區北部原始農業培育豆類作物的事實。

關於山戎侵擾燕國的原因，除了氣候原因外，飲食的需要是另一重要原因。「逐水草而居」的游牧民族的飲食結構是食肉飲酪，需要穀物蔬菜來改善飲食結構，在飲食需要的驅動下，游牧民族經常會通過武力掠奪來獲得所需食物。這就是自商周到明代，北方少數民族與中原政權戰爭的重要原因之一。

齊桓公引種戎菽與山蔥的史實可以說是天津地區飲食文化史上地區間交流的較早事件。從史籍記載來看，天津地區在春秋戰國時期的農業比較發達，農作物包括了稻、菽、稷、黍等，果樹中的棗、栗等聞名天下。早在採集生活時代，薊縣一帶的棗子和板栗就是先民們的日常食物，今天薊縣的板栗與棗子已成為地方名特產，足見天津地區的飲食文化貫穿古今、一脈相傳。

春秋戰國時期，海水退回，天津地區平原露出。黃河改道，河水攜帶的泥沙淤積成富饒的土壤。自然環境的變化為天津平原地區發展種植業提供了良好的條件。天津東麗區、津南區等地，有戰國時期遺址出土的鐵製農具和眾多村莊遺存，證實了當時農耕發展的狀況。農業的發展，使人們的飲食生活有了保證，人們在溫飽中產生了文化追求，從而推動了飲食文化的發展。

❷・養殖業

原始農業裡的種植業始於先民們的採集，而養殖業則始於漁獵。在漁獵的過程

中，先民們把捕捉到的幼小動物圈養到一定的時期再宰殺吃掉。圈養動物需要提供場地和食物，只有定居後才能長時期地馴化和養殖動物，只有在糧食有剩餘的情況下才能為養殖動物提供食物。所以原始農業中的畜牧業晚於種植業，畜牧業是在種植收成能在滿足定居生活有剩餘的情況下產生的。

在圍坊文化遺址二期出土了大量的獸骨，其中以牛、豬、鹿、魚的骨頭居多。圍坊文化二期屬於夏商時期的夏家店下層文化，也就是說天津地區的家畜養殖出現在夏商時代。

考察出土的獸骨，豬與牛屬於馴化類，而鹿和魚應屬於漁獵。中國著名學者、考古學家郭沫若認為甲骨卜辭中的「在圃魚」，是我國池塘養魚的最早記載。浙江大學的游修嶺教授認為「在圃魚」應解釋為在水草沼澤地捕魚。商代是否出現人工池塘養魚，沒有明確的文獻記載。

當時的肉食來源一部分是馴化後的養殖業，一部分來自漁獵。考古證實豬是馴化得比較早的動物，「家」的字形結構從宀（mián）從豕（shǐ），從語源上講「宀」表示祭祀的地方，後表示房屋。「豕」指的是野豬，後指家養的豬。「家」字的含義從用野豬祭祀的地方發展到人居住的地方。那麼豬就成為比較早的與人類飲食生活比較密切的動物。相對於牛馬等體型較大的動物，豬更容易被飼養馴化。人畜共居證實了馴化飼養動物產生於人類定居以後。在商與西周之際到東周初年的圍坊三期文化中，出土的獸骨有豬、牛、鹿和麅（páo），其中豬骨和牛骨最多。圍坊文化始於約六千年前，是天津地區較早的文化遺址。

天津地區分屬燕趙齊之後，養殖業得到進一步發展。燕國的畜牧業以養馬著稱，《周禮·夏官》稱「其畜宜四擾」，「四擾」指的是豬、牛、羊、馬四種牲畜。

津南區巨葛莊、北辰區的北倉等戰國時期的遺址都出土了鐵製農具，鐵製農具的出現，標誌著天津地區農業發展到新的水平。需要指出的是，先秦時期天津地區的採集漁獵一直存在。但是從飲食原料來源比重來看，則是以原始農業居主。

第三節　中原文化與燕文化影響下的天津地區飲食文化

　　飲食文化滿足人們生理與心理的雙重需要，求新的內在驅動力推動著人們的生理與心理追求的發展。戰爭、移民、謀生、經商等因素促使著人口的流動，從而帶來了飲食文化的交流。區域飲食文化在交流發展過程中會受到外來文化因素不同程度的影響，天津地區飲食文化同樣具備這一共性。先秦時期，天津地區飲食文化就是在中原文化影響下產生的。

一、生產工具與飲食器具的變遷

　　天津地區位於黃河流域下游與燕山遼河交界的區域。以太行山東麓和環泰山地區為分布重心的黃河下游文化區域和以燕山、遼河為分布重心的燕遼文化在此交會。

❶ · 鐵製農具、漁具

天津地區的戰國遺址出土的鐵製農具表明在燕齊文化的影響下，農耕發展到新

▲圖12-5 帶有中原特色的陶鼎，天津東麗張貴莊燕國墓出土（天津博物館提供）

▲圖12-6 帶有中原特色的陶豆，天津東麗張貴莊燕國墓出土（天津博物館提供）

的水準。靜海縣古城窪遺址是齊國西北邊城平舒故地，遺址中出土了鐵　　，津南區巨葛莊等遺址出土了鋤、钁等鐵製農具。戰國時期，天津地區蘆葦地、鹵地廣布，鋒利的鐵製農具提高了開墾能力，荒地變耕田。生產工具是生產力發展水平的標誌，鐵製農具是天津地區農業生產發展的標誌。農業生產發展為人們的飲食提供了更為豐富的飲食原料。物質需要得到一定滿足後，文化才能有所發展，天津地區農業生產也推動了飲食文化的發展。

從當時的飲食文化景象看，煮海為鹽和織網捕魚的漁鹽業比農業更為繁榮，這是天津地區飲食文化順應區域地理環境的結果。在已發掘的天津地區戰國遺址中出土較多的是漁網墜。在北倉區磚瓦廠遺址不足一百平方米的範圍內出土了40餘件漁網墜；巨葛莊、沙井子等遺址也出土了數十件漁網墜。出土的漁網墜是戰國時期天津地區人們捕魚為生的真實反映。戰國時期的天津地區地跨燕齊兩國，天津地區屬於齊國的部分臨近渤海，有著豐富的海鹽資源。《管子・地數》曰「齊有渠展之鹽，燕有遼東之煮」，據考證「渠展」就是今天的渤海。

❷・陶製器具

天津地區石器時代的原始文化在南北兩大文化的交流、融合下形成了自己的特色。石器時代原始文化的特色主要體現在飲食文化中的陶製器具上。天津地區的陶製器具始見於青池文化遺址，在青池文化一期、二期、圍坊文化一期和張家園文化等原始文化中都出土了深腹的陶罐。燕遼文化的基本特徵是以深腹陶罐為炊器。燕山、遼河一帶氣候乾燥多風，較為寒冷。用深腹罐作炊器，可以保持食物的熱度，深腹罐盛放較多的湯汁，在一定程度上緩解了乾燥多風造成的口渴。作為炊器的深腹陶罐具有典型的燕遼文化特徵。

距今7000年左右，青池文化二期等文化遺址發現帶有袋狀足的鬲、釜、圈足陶缽和鬲甗的複合體「甗」。這些飲食文化器具具有鮮明的黃河下游文化特徵。在距今6000年左右，黃河下游文化在這裡的影響力超過了燕遼文化，並且延伸到燕山的北部地區。

距今5000年前後，張家園等文化遺址出土的斂口高領罐、折腹盆等陶器紋飾中的斜線三角紋，與北方小河沿文化中的陶器斜線三角紋飾相似。小河沿文化以赤峰市敖漢旗小河沿鄉白斯朗營子南臺地遺址命名，距今約5000年左右。

由此可知，南北兩類文化在這裡不斷碰撞交會，在不同的時段，各自的影響作用是不同的。但外來文化無論勢力多麼強大都無法徹底替代本土文化，天津地區石器時代的原始文化在黃河下游文化與燕遼文化的碰撞交會下依然保持有自身的元素。在出土的飲食器具中有「夾雲母屑大盆」，呈黃褐色或灰褐色，這是地理環境使然。因為這個地區的土壤中含有雲母屑，用泥巴做胚子燒製的陶器也就成了夾雲母屑陶器。製作的陶器多是素面，偶爾「在凹弦紋之間填刻平行斜線紋」[1]，這是本土文化藝術觀念的反映。素面，是陶器初生時期的外觀特色，是自然、原真等藝術觀念的反映。「凹弦紋之間填刻平行斜線紋」形成了好似「柵欄」的圖案，可能是天津先民圍獵場景的藝術化反映。

❸·青銅器

三代時期，隨著夏周王朝影響範圍的擴展，中原文化對天津地區文化產生了越來越大的影響。圍坊文化三期和張家園文化中出土的青銅器有刀、鏃、簋、鼎等，這些青銅器明顯受到了商代青銅文化的影響。炊器中陶製的鬲、甗和甑逐漸代替了深腹罐。張家園文化遺址中有夏代的石磬，遺址中商末周初的墓葬裡出土了由鼎簋組合而成的飲食禮器，種種情況表明，中原文化中的禮樂文化已滲透到天津地區的飲食文化中。出土的石磬是一種石製打擊樂器，先民時期用於樂舞，用來表達人與自然、人與人之間和諧相處的願望。夏商時期用於帝王和諸侯的宗廟祭祀、宴享奏樂；鼎和簋屬於飲食禮器，鼎、簋是用來標示使用者的身分和權威性，展示了他們的社會地位。

分屬燕齊後，燕國中的殷商文化、周文化與本土文化相結合形成「姬燕文化」。

1　韓嘉谷：《天津古史尋繹》，天津古籍出版社，2006年，第14頁。

西周初年，武王封召公姬奭於燕，為區別殷商時期燕國的文化，把姬姓燕國時期的文化稱為「姬燕文化」。考古界認為這是在天津地區產生的一種新的考古文化，是一種混合型文化。為了區別滅商前當地土著的燕族，也稱其文化為「姬燕文化」。在商周文化的強勢影響下，本土文化發展成新形態的「張家園上層文化」，春秋戰國時期逐漸融入燕文化。這種文化的變遷同樣體現在飲食文化中的器具上。這個時期出現了具有殷商文化特徵的矮足鬲、繩紋簋；有明顯周文化特徵的聯襠鬲、癟襠鬲。本土文化中的花邊鬲逐漸被花邊口沿、深腹高襠、袋狀足的姬燕文化陶鬲代替。

二、飲食觀念的變遷

飲食觀念屬於飲食文化層面中的思想層面，源於飲食文化中的物質層面，表現在制度、行為上。制度是人的意識的結果，行為受觀念的支配。飲食文化中物質文化發展，引發了社會制度的變遷以及人們行為的變遷，其中飲食文化觀念變遷的脈絡清晰可辨。

天津地區飲食文化的產生時期，物質文明經歷了從採集、漁獵到以原始農業為主的變化。從器具來看，由石器時代的石器、陶器，發展到夏商時期的陶器、青銅器，再到春秋戰國時期的鐵器。這個變化是社會生產力發展的結果，對飲食文化水平的提高具有很大的推動作用。

❶·由被動生食到主動熟食

一萬年前的東營坊文化時期，生產力極其低下，採集漁獵類的飲食資源在日常飲食中占據支配地位，人類飲食處於茹毛飲血的階段。「生食」是當時人們的主要飲食方式。在發現海鹽之前，動物血液和植物組織中的鹽分部分地滿足了人體對鹽分的需要。這就是在海鹽產生之前，原始先民能有體力從事漁獵採集的原因之一。另外，食物的營養也能得到有效地保留。但是同現代生食觀念不同，舊石器時代的

生食是人類在飲食文化水平極低情況下的被動選擇。

青池文化時期，人們的飲食觀念有了很大的變化。不僅掌握了用火製作熟食，而且發明了陶器。火與陶器被認為是烹飪產生的必要條件。先民們在烹飪食物的過程中學會了簡單的原料處理，製作出了石磨盤、石磨棒、石杵、骨器和尖狀石器等工具。

❷ · 由審美追求到禮樂制度

隨著烹飪技藝的提高，食物製作由熟食向細化製作的美食發展。美食觀念開始產生。組合炊器「甗」的出現標誌著飲食追求由燒烤、燒煮發展到蒸煮一體的水平。飲食器具造型也發展為使用價值與樸素審美相結合。陶器紋飾由單調的弦紋、之字紋逐漸豐富為斜線三角紋等複雜審美意象。

當飲食生產能滿足人們的基本需要後，對美食的追求就逐漸強烈，而美食的標準因階層而異。張家園文化遺址的商周時期墓葬出土了鼎、簋等不是偶然，它們證實至少在上層貴族的飲食文化中有了禮樂觀念，並逐漸形成了相應的制度。禮樂觀念源於祈求神靈福佑的祭祀，後來發展為飲食中社會身分的象徵。飲食滿足了人們在生理和心理方面的雙重需要，生理需要源於人的自然性，而追求社會身分的心理需要則屬於人的社會性，是人的社會性在飲食文化中的訴求。

禮，用於等貴賤，辨親疏，使上下有序；樂的特徵是音的和諧，達到天地人之間的關係和諧。禮樂就是使天地人之間等級分明，長幼有序，關係和諧。飲食中，只有王、諸侯、士大夫等貴族才能使用禮器和樂器。諸侯和士大夫有不同的等級，每一等級飲食中使用的禮器和樂器有嚴格的制度規定，不能越級使用。飲食中禮器和樂器的有無和使用狀況就標明了使用者的等級身分。飲食禮器、樂器的使用制度是用來維護社會的等級秩序，促進人人之間、天人之間的關係和諧。

至此，飲食文化中的四個層面：物質、制度、行為和精神觀念都已具備了相當的積澱。這標誌著天津地區飲食文化在經歷了漫長的歷史時段後產生了。

第十三章　秦漢至宋遼金時期

西元前二二一年，秦國滅掉了東方大國齊國，統一了六國。文韜武略的秦王嬴政吸取了分封制王權容易導致諸侯並立的歷史教訓，建立了中央集權的皇權國家。在地方建制上推行郡縣制，天津地區劃歸右北平郡，自此由王權社會步入了皇權社會。

東漢末年，群雄紛爭，曹操在這裡開挖了泉州渠、平虜渠和新河，為平定烏桓運輸軍糧，開天津地區漕運之先河。魏晉南北朝時期，天津地區戰亂不斷，出現了少數民族的內遷。隋代的天津地區徭役繁重，唐代戰亂頻仍，這種局面一直延續到五代十國時期。兩宋時期，天津地區分屬宋遼兩個政權，政權之間的攻防戰爭使得這裡人煙稀少。

自秦漢到宋遼金的一千五百年裡，總體來看天津地區始終處於政權之間的邊疆交界地域。海浸、黃河改道等自然災害和人為的戰亂使得天津地區的社會經濟與文化發展緩慢，在這種自然與社會環境下的飲食文化也一直處於緩慢的發展時期，和其他地區相比，發展相對滯後。例如，天津地區的鑿井取水技術晚於黃河中下游和長江下游地區；酒的普及晚於中原地區；飲茶晚於江南和中原地區等，從人口結構上來看，生活相對富裕的中間層人口比例很小，貧困的下層庶民比例很大，這種飲食文化的層次結構，決定了飲食文化發展的總體水平不高。

第一節　以粟稻為主的農業生產

一、秦漢時期重農思想下的農業發展

秦代，天津地區所屬的右北平郡處於東北邊疆。漢代，天津地區所屬的漁陽、右北平二郡位於漢長城沿線。由於地處邊疆地區，即得到了政府農業政策的優惠。

秦漢時期，為抵禦四周少數民族部落的侵擾，統治者加強了邊疆地區的治理與開發。採取移民實邊、軍屯、民屯等手段促進了邊疆地區的農業生產。西漢文帝

時，為解決邊粟不足，頒布了「拜爵令」。《史記・平準書》載：「於是募民能輸及轉粟於邊者拜爵，爵得至大庶長」。景帝對移民「先為室居，具田器」。漢武帝進一步給與優惠政策，「假予產業」。這些措施刺激了內地居民遷居邊疆的主動性。除了民墾以外，漢代還大規模地推行軍墾，開墾荒田帶動了水利興修。邊疆開發的政策使處於邊疆的天津地區的農業得到發展。薊縣小毛莊漢墓中有一座西北人的墓葬，墓主人就是在漢代「實邊政策」下由內地來到天津地區的。

邊疆的開墾措施都是為了發展農業，這源於中國由來已久的重農思想，也是鞏固邊疆的重要舉措。我國自秦漢之前的上古時期就形成了重農思想。《尚書・洪範》曰：「八政：一曰食，二曰貨，三曰祀，四曰司空，五曰司徒，六曰司寇，七曰賓，八曰師。」[1]這段話的主要意思是在國家治理中，要把國民的飲食置於首要地位。飲食是人們生存的第一要義，國民食不果腹的時候，國家也就走到了滅亡的盡頭。《漢書・食貨志》解釋《洪範》「八政」之「食」「貨」曰：「食謂農殖嘉穀可食之物，貨謂布帛可衣，及金、刀、魚、貝，所以分財布利通有無者也。」[2]

◀圖13-1 陶廁和豬圈模型，天津靜海東漢墓出土（天津博物館提供）

1　楊任之譯註：《尚書今譯今注》，北京廣播學院出版社，1993年，第180頁。
2　班固：《漢書》，中華書局，1962年，第1217頁。

秦漢時期進一步發展和強化了夏商周以來的重農思想，秉承了商鞅提出的「重農抑商」政策。在「重農政策」和邊疆開發的推動下，秦漢時期天津地區的農業與人口持續發展。《漢書·地理志上》載：「東北曰幽州：其山曰醫無閭，藪曰貕（xī）養，川曰河、泲（jǐ），浸曰薔（zī）、時；其利魚、鹽；民一男三女；畜宜四擾，穀宜三種。河內曰冀州：其山曰霍，藪曰揚紆，川曰漳，浸曰汾、潞；其利松、柏；民五男三女；畜宜牛、羊，穀宜黍、稷。」這段大意是說海河以北，平均每戶有一男三女四個子女，種植稻、黍、稷，養殖豬、馬、牛、羊。海河以南平均每戶有五男三女八個子女，養殖牛、羊，種植黍、稷。人們根據地理環境選擇適宜的養殖與種植對象，農業的優良物種已經穩定化。農業的發展為人口的增加提供了條件，刺激了人口的繁育。幽州與冀州的人丁差異反映出山區與平原農業發展水平的差距。

雖然不見史籍記載，戰國時期天津地區的菽（豆類）、山蔥、棗、栗等在秦漢時期仍然是人們主要的飲食原料。漢宣帝時，渤海郡太守推行牛耕和鐵質農具。提倡栽種榆樹，養豬養雞。栽種榆樹不是為了獲取木材，而是為了獲得榆樹的葉子、榆錢甚至樹皮，這些都可以在災荒時節作為食物充飢。東漢時期，籍貫南陽的漁陽太守張堪開墾水田，引種南方水稻，使百姓逐漸殷實富有。民間傳唱歌頌張堪的民謠「桑無附枝，麥穗兩歧。張君為政，樂不可支。」[1]兩漢時期麥子也是天津地區的重要農作物。又據《氾（fán）勝之書》《四民月令》等典籍記述的漢代農業物種，結合天津地區的生長環境，可以得知秦漢時期天津地區的果樹有棗、李、梨、桃、杏、栗、柿等；蔬菜有蔥、薑、小蒜、韭、菘（白菜）、薹（油菜）等。

漢宣帝地節年間，渤海太守龔遂在渤海郡大力提倡養豬、養雞。種植蔥、薤、韭等蔬菜。漢代淡水魚養殖和海洋捕撈技術都有了發展。天津地區地勢低窪，河道眾多又臨近渤海，捕魚業發展較快。《漢書·食貨志》載：「漁陽，沽水出塞外。東南至泉州入海，行七百五十里。有鐵官。莽曰得漁。」新莽時期天津地區的漁業之利受到朝廷重視。河道窪地的淡水水產和海產已經成為官府獲利的產業。

1　范曄：《後漢書》，中華書局，1965年，第1100頁。

二、魏晉時期稻麥粟黍兼及果蔬的農副業

魏晉南北朝時期，農業發展緩慢。糧食作物中的粟成為北方的主糧，秋天播種的冬小麥得到推廣種植。北魏宣武帝正始元年（西元504年）下令所在鎮戍「皆令及秋播麥，春種粟稻」。[1]曹魏時期，鎮北將軍劉靖在薊城附近興修水利，開稻田兩千頃，樊晨擴建後灌溉稻田萬頃。此後一直到北齊，稻田面積繼續擴大。漢代原本地位下降的黍重新被重視。北朝時期，黍被廣泛種植。據《齊民要術》等農書記述，魏晉時期的北方地區豆類發展出一系列新品種，大豆有11種之多，小豆也培育出綠豆、紅豆、豌豆等10個品種。這個時期，天津地區的主食就是稻、麥、粟、黍，品種日益增加的豆類為人們提供了豐富的副食。

蔬菜種植品種在漢代的基礎上增加了不少。《齊民要術》記載了人工栽培的蔬菜有30餘種、水果20多種。北方種植最多的是葵菜。菘，發展成蔓菁、蘆菔（蘿蔔）、芥菜和菘（白菜）。蕓薹（yúntái，油菜）的食用擴大到榨油。調味原料的蔥、薑、韭種植更加普遍，胡蒜得到普及。胡瓜（黃瓜）因為避諱後趙皇帝石勒（胡人）改名王瓜。天津地區曾被後趙統治，據此黃瓜成為人們的可口蔬菜。先秦時期的瓠（包括圓形的葫蘆和弧形的瓠子）在魏晉南北朝時期的北方成為普通蔬菜。根據《北史》《十六國春秋》等史書記載，堇菜成為北方人們喜食的蔬菜。油料作物的品種也增加到蕓薹、蔓菁、胡麻、荏蘇、大麻等，這一時期，植物油開始用於烹飪。

果樹中普遍種植的有棗、栗、桃、杏、梨、柿等。魏晉南北朝時期，燕趙地區和關中一帶是栗子的主要產區。陸機《毛詩疏》講到「五方皆有栗，周秦、吳揚特饒。唯漁陽、范陽栗甜美長味。」[2]隸屬漁陽、范陽的天津地區也成為栗子的著名產地。桃子，有夏秋冬三個季節品種，後趙的「勾鼻桃」，大的重達二三斤。梨，是魏晉南北朝時期的重要果品。從史書記載來看，梨樹的種植遍及整個北方地區。杏，在北方栽種廣泛，還湧現了一些著名的品種。李子，品種有幾十個，其中就包

1　魏收：《魏書》，中華書局，1974年，第198頁。

2　李時珍：《本草綱目》，吉林攝影出版社，2002年，第109頁。

括燕李、冬李等北方品種，因品種多、產量高受到人們的歡迎。

少數民族的內遷與南北交流形成了民族大融合，民族飲食文化也在交流融合中發展。北方農牧結合的生產方式使得畜牧業得到較大的發展，養豬技術提高，而且遠及邊遠的東北地區。游牧為生的少數民族政權更加重視養羊，華北地區是養羊的主要區域，這個時期羊的養殖呈上升趨勢。魏晉南北朝時期，在官府的鼓勵下養羊業得到迅速發展，游牧民族食肉飲乳的飲食習慣是養羊業發展的重要原因。雞是人類最早馴化的動物之一，被列為「六畜」。魏晉以來糧食生產技術的提高，促進了雞飼養的普及，普通農戶都養雞。

三、隋唐時期多種作物的種植

隋代，粟是北方的主食。史載隋末天津地區附近的竇建德率民起義，其部飲食生活以普通人家日常飲食為標準，「常食唯有菜蔬、脫粟之飯。」[1] 唐代，黍成為北方重要的農作物，唐代以秬黍（黑黍）為權衡度量基準。這一時期，天津地區不僅水稻種植面積擴大，而且有大面積的野生水稻。海河以南的魯城入唐後改名乾符縣。《新唐書·地理志》載：「本魯城，乾符元年生野稻水穀二千餘頃，燕、魏飢民就食之，因更名。」

為了抵禦契丹的進攻，唐代在天津地區所屬的幽州布置重兵。軍糧供給是邊防的基本保障，可是通過海運補給軍糧無法滿足邊防的需要，唐政府就積極地進行屯田，以當地種植的糧食補充軍需，僅薊縣一地就有25個屯。「屯」相當於現在的村莊，至今很多村莊仍被稱為某某屯。粟，是當時主要的糧食作物。據《舊唐書》記載，幽州總管羅藝降唐後，時逢幽州大飢，開道許之粟。開元年間下令屯田之地的大麥、蕎麥、乾蘿蔔以粟為基準折量。這個時候，大麥、蕎麥成為僅次於粟的糧食作物。蘿蔔新鮮時作為蔬菜，曬乾時作糧食用。雜糧有燕麥、胡麻、豌豆等。

1　劉昫：《舊唐書》，中華書局，1975年，第2238頁。

《新唐書‧地理志》記載了滄州的貢品:「滄州景城郡,上。本渤海郡,治清池,武德元年徙治饒安,六年徙治胡蘇,貞觀元年復治清池。土貢:絲布、柳箱、葦簟(diàn)、糖蟹、鱧鮬(kū)。」由此可知,天津地區一帶的海蟹與河蟹已經成為貢品。唐代由印度引進的製糖技術已用於食物加工製作。

四、宋遼時期農業的不平衡發展

宋遼時期,天津地區以海河為界南北分屬宋和遼。黃河由天津地區入海,北宋以黃河作為抵禦遼的天然屏障。在天津地區推行「塘濼屯田」制度,修建了很多水網工程,耕田大為減少,水田增加。福建人黃懋在此試種晚稻成功,但是水田不久就被黃河攜帶的泥沙淤積。所以,海河南岸人煙稀少,農業生產蕭條。

海河以北的遼區域,情況則大不一樣。遼初期的統治者就重視農耕,天津地區的遼屬區域糧食種植仍以粟為主,《遼史‧食貨志》多次提及政府發放粟作為種子,開倉放粟來賑濟災民。養殖業以馬、牛、羊為主,只有羊用來食用,有時吃牛。遼與其他少數民族開通市場,交易蜂蜜等飲食原料。

遼的統治者和居民崇信佛教,禮佛的飲茶風俗盛行。作為游牧民族的遼必須飲茶,茶用來幫助消化肉食乳酪。遼宋邊境設有榷場,遼用皮毛交換北宋的茶和鐵質農具等。禮佛佐茶需要果品,從而促使了果樹的種植。天津地區傳統果品栗、棗、柿和桃、杏、李、梨等的生產都有了進一步的發展。

宋金交戰造成北方地區經濟蕭條,統治者大規模地推行屯田制度發展農業生產。規定民戶必須植桑種棗,「凡桑棗,民戶以多植為勤,少者必植其地十之三」。[1]屯田主要種植粟,其次是麥、黍、稗等。《金史‧食貨志》載:「二年二月,尚書省奏:「天下倉廩貯粟二千七十九萬餘石」……舊制,夏、秋稅納麥、粟、草三色,以各處所須之物不一,戶部復令以諸所用物折納。」

1　脫脫等:《金史》,中華書局,1975年,第1043頁。

第二節 由水漿到酒茶的日常飲品發展

　　先秦時期，天津地區已經開始飲酒，但是僅限於上層貴族。戰國時期，天津地區的飲食製作已經具備了一些技術，秦漢時期及以後在此基礎上繼續發展。

一、秦漢時期的飲品

　　漢代的飲用水有井水、河水和泉水等。漢代人推崇飲用清澈的井水，天津地區人們也多喝井水。在漢代東平舒縣治的故城——靜海縣西釣台古城發現了密集的水井，分陶井和磚井。水井分布密集是人煙稠密的反映，陶井與磚井的區別是貧富差距造成的飲食條件的差異。

　　在清水之上的飲品是蜂蜜水和漿。漿，是用米汁製作的飲料，在周代是貴族的飲品，到了漢代成為城市富裕居民的飲品，普通的居民仍以飲用井水為主。張家園文化遺址的墓葬中出土了飲酒用的尊，那只是上層貴族的飲食享受。從出土數量極少可知，酒在當時是奢侈的飲品。到了漢代，飲酒者遍及大江南北，社會各個階層的人們都有機會飲酒。糧食的豐盛、對美食的享受追求和酒禮的影響是促成漢代飲

◀圖13-2 東漢時期的陶井模型（天津博
　　　物館提供）

酒廣泛的三大因素。

「在寧河縣田莊佗和寶坻區秦城都出土了印有『大富牢嬰』戳記的陶甕殘片。」[1] 據考證「牢」是糧倉，「嬰」是用於煮鹽的陶盆。「大富牢嬰」表達的是糧倉豐盈，鹽利豐厚。表明漢代天津地區的糧食儲備豐富。相對於水、漿，酒成為人們追求的美味飲品。漢代飲酒可用於表達孝親、賓朋和尊祖敬神等儀禮。漢代強化了以禮為本、講求倫理秩序的儒家思想，寓禮於酒的飲酒之風就大行其道了。

天津地區的漢代墓葬中出土的飲酒器不多，但在寶坻區的秦城遺址漢代文化遺存中還是有所發現，這裡出土了用於陪葬品的七件陶壺，其中土層遺存中一件，土坑墓中六件。出土的陶壺分為三個樣式，口沿微侈或外侈。壺，是商至漢代流行的一種器具，一般用於盛放水和酒。秦城遺址出土的壺有三種樣式，說明壺的用途不同，有的用於裝水，有的用於盛酒。漢代出現了用黍、稗釀製的酒，盛產稻黍的天津地區也應該有黍酒。秦城遺址的墓葬埋葬的是當時天津地區的貴族或富有階層。陪葬品種壺的數量僅有7件，土坑墓中的六件陶壺每個樣式僅兩件。所以說，地處邊境的天津地區飲酒是存在的，但不普遍。

二、由上及下普及的茶與酒

魏晉南北朝時期，南方的茶飲傳入北方，北方游牧民族的乳酪傳入南方。酒、茶和乳酪成為當時社會的三大主要飲品。

魏晉南北朝時期的釀酒技術在秦漢時期的基礎上更為系統，賈思勰《齊民要術》卷七詳細記述了釀酒的過程與技術要求。釀造技術的提高擴大了酒原料的範圍，小麥、稻、黍、粱和秫（shú）稗等都可來造酒，其中以小麥為主。小麥、水稻和黍等糧食作物在天津地區都有種植。秋播小麥的推廣提高了產量，稻田面積以萬頃

1　韓嘉谷：《天津古史尋繹》，天津古籍出版社，2006年，第89頁。

計，黍也被廣泛種植。由此來講天津地區的飲酒具備了普及的條件。飲酒不僅變得風行，可飲用量也增加。飲酒醉後常造成是非，引起訴訟、或者抨擊時政，致使朝廷頒發禁酒令。《魏書‧刑罰志》：「太安四年（西元458年），始設酒禁。是時年穀屢登，士民多因酒致酗訟，或議主政。帝惡其若此，故一切禁之。」游牧民族沒有足夠的糧食造酒，它們就用馬奶為原料釀造馬乳酒。烏桓、鮮卑等北方少數民族把馬乳酒視為上等飲料。西漢武帝元狩四年（西元前119年），漢軍大破匈奴，將匈奴逐出漠南，烏桓臣屬漢朝，南遷至上谷、天津地區的漁陽與右北平、遼西、遼東五郡。天津地區歷經多個游牧民族的統治，於是游牧民族飲用的乳酪、馬乳酒等飲品被帶入了天津地區。

漢代比較昂貴的茶飲在魏晉南北朝時期變得普通。茶飲主要流行於南方，不產茶的北方靠南北交流獲取。史載，北魏和北齊兩朝宗室用茶祭祀。茶飲主要在官員和士大夫間流行，北方的下層百姓很少飲用。北魏時期，茶又被稱為「酪奴」，史載，這種稱呼出自南齊的王肅。王肅的父親及兄弟被齊武帝殺害，他投奔了北魏，受到魏高祖的賞識和重用。初入魏時，他只是吃魚飲茶，不習慣吃羊肉和奶酪，後來逐漸習慣。一次魏高宗在殿內設宴，宴上王肅吃了很多羊肉和奶酪，當高宗問他茶與奶酪的味道怎樣比較時，王肅把茶比作是「酪奴」。北魏楊衒之《洛陽伽藍記‧報德寺》載：「肅與高祖殿會，食羊肉酪粥甚多。高祖怪之，謂肅曰『卿中國之味也，羊肉何如魚羹？茶茗何如酪漿？』肅對曰『……唯茗不中，與酪作奴』。」

魏晉時期天津地區出現了佛教和道教。清心淨性的佛教重視飲茶。受佛教的影響，天津地區的人們開始飲用茶。因此，魏晉南北朝時期天津地區人們飲食生活中的飲品包括水、漿、茶、糧食酒和乳酪等。

隋唐五代時期，農業生產的發展為釀酒提供了充足的糧食。釀酒技術朝著普及和提高兩個方向發展，官府的官釀、商鋪的坊釀和百姓自家的家釀並存發展。酒已經成為人們日常生活的普通飲品。「夜雨剪春韭，新炊間黃粱」，「開軒面場圃，把酒話桑麻」等耳熟能詳的詩句反映的就是家釀待客的場景。《新唐書‧食貨志》載：「廣德二年，定天下酤戶以月收稅。建中元年，罷之。三年，復禁民酤，以佐

軍費，置肆釀酒，斛收直三千。」這段史料表明民間釀酒已遍及全國。著名歷史學家、北京師範大學教授黎虎先生在其論文《唐代的酒肆及其經營方式》中講到：「唐代的酒肆業已經深入全國城鄉的各個角落，可以說凡是有人煙的地方就可能有酒肆，其普遍程度大大超過以往任何一個時代。」儘管隋唐時期天津地區處於邊境，但遍及全國的釀酒在這裡也普及開來。

唐代茶飲發展成包括茶藝、茶道、茶文學與茶俗等諸多門類的茶文化。唐代中後期飲茶之風遍及全國。封演《封氏見聞記》載：「茶，早採者為茶，晚采者為茗。《本草》云：『止渴，令人不眠。』南人好飲之，北人初不多飲。開元中，太山靈岩寺有降魔師大興禪教，學禪務於不寐，又不夕食，皆恃其飲茶。人自懷挾，到處煮飲。從此轉相倣傚，遂成風俗。起自鄒、齊、滄、棣，漸至京邑。」[1]位於滄、棣的天津地區飲茶也漸成風俗。隋唐時期原流行於北方游牧民族的乳酪被國內各民族所接受，製作出一些精美的食品。隋唐五代這一時期，天津地區的酒、乳酪和茶，成為了人們日常的飲品。

三、宋遼金時期的榷茶與釀酒業

宋遼金時期，天津地區的飲食文化主要體現在北宋時期的遼屬區域和南宋時期的金屬區域。契丹人在建立遼政權之前，就通過貿易從唐內地獲得茶。建立遼國後，在遼宋邊境設立榷場互市，宋輸出的主要品種就包括茶，遼用牲畜等物品換取宋的茶葉。飲茶在人們日常生活中占有重要的地位，在遼治下的天津地區受遼的影響，飲茶之風更盛，形成日常飲茶的茶俗，佛教的盛行也促進了飲茶習俗的發展。

同遼一樣，金也是通過榷場獲得南宋的茶，另外南宋的年貢中也包括茶。《金史·食貨志》：「泗州場歲供進新茶千胯。」南宋向金輸出茶葉，金通過泗州場每年可進得新茶千胯。胯，是南宋時期福建小團茶的計量單位。金代，飲茶在各階層

1　封演撰，趙貞信校註：《封氏見聞記校注》，中華書局，1958年，第46頁。

都很盛行，流行於宋代文人間的斗茶和茶道也傳入金。天津地區的飲茶習俗繼續發展，茶道和斗茶在上層人士間傳開。

遼的建立者契丹人很早就掌握了釀酒技術。契丹的「樹葬」風俗中就有用酒祭奠的儀式（樹葬是源於史前時期的一種天葬，流行於東北地區和西南地區的少數民族中。把死者的屍體置於深山或郊野的樹上，任其腐化）。天津海河以北地區所處的燕雲之地釀酒業尤為發達，有官釀和私釀兩種形式。遼境內的人們不僅飲用糧食酒還有配製酒和果酒。不過果酒中的葡萄酒是從西域引進的奢侈品，平民百姓難以享用。

金政權的建立者女真族流行飲酒，女真的祖先靺鞨有「嚼米為酒」的風俗。《隋書·東夷列傳·靺鞨》載：「其畜多豬。嚼米為酒，飲之亦醉。」靺鞨族人把米或麋嚼碎，然後封存於器皿中，嚼碎的米或麋藉助唾液中的酶發酵，形成酒麴，進而造酒。金代，飲酒成為人們日常生活的重要內容。天津地區所處的燕京一帶以糧食酒名聞四海，有「燕酒名高四海傳」的說法，燕酒中的金酒最負盛名。金滅北宋後，掠走了大批的匠人，宋代的釀酒技術在金得到傳播，燒酒較為流行，《三朝北盟會編·政室上峽卷三》載：「飲酒無算，只用一木勺子，自上而下循環酌之」。

金人重視乳酪和湯，乳酪有牛、羊、馬等動物乳酪，是人們的日常飲料。湯有普通湯和保健湯兩種，既可解渴又有保健功效。宋遼金時期天津地區的日常飲品有糧食酒、配製酒、馬牛羊等動物乳、茶和湯。

從秦漢時期的水、漿到宋遼金時期的糧食酒、配製酒、馬牛羊等動物乳、茶和湯，使得天津地區的飲品日漸豐富。社會經濟的發展、民族經濟文化的交流和人們的飲食追求是促成飲品發展的重要因素。飲品的發展趨向自上而下看，是由昂貴稀少到日常普及，由上層貴族到下層百姓。若自下而上看，下層百姓日常飲用品發展到貴族階層就變成製作複雜的美味飲品。從總體上而言，各階層的飲品發展不均衡，跨越階層的發展時間較長，飲品文化普及速度緩慢。

第三節　食物製作技術

一、秦漢時期的民間日常飲食

早在青池文化時期，天津地區就出現了石杵、石磨和磨棒等糧食加工工具。秦漢時期，穀物分類加工，稻、麥、黍、稷、豆等採用不同的加工方法。

❶·飯餅羹粥的主食製作

秦漢時期人們的主食是飯。「飯」從食從反，是分的意思，也就是粒食。把稻、麥、黍、稷、豆等脫殼去糠秕，然後煮熟或蒸熟。石杵石臼就是一套脫殼去糠秕的工具，石磨也可用來脫殼去糠秕，但大部分功能用於把糧食磨成粉狀。寶坻區秦城遺址出土了一件秦漢時期的陶磨，東麗區務本三村西漢遺址出土了一盤技術成熟的石磨，分上下兩片，中間鑿孔有鐵鏽痕跡，孔兩側有安裝木把的小槽。秦漢時期人們把粉狀米做成「餌」，把面做成「餅」。顏師古注《急就篇》曰：「溲麵而蒸熟之則為餅。餅之言並也，相合併也。溲米而蒸之則為餌。餌之言而也，相黏而也。麥飯，磨麥合皮而炊之也。甘豆羹，以洮米泔和小豆而煮之也。一曰以小豆為羹，不以醯酢，其味純甘，故曰甘豆羹也。麥飯豆羹，皆野人農夫之食耳！」這段話的意思是說：餌，是把米浸泡，蒸製成黏在一起的食物。餅，是把和好的麵蒸熟，讓麵合併。麥飯，是麥粒和麥皮一起蒸煮的飯。甘豆羹，是用淘米的水煮的小豆飯，不

◀圖13-3 東漢陶磨模型，天津大港
　　　　出土（天津博物館提供）

加調酸味的醋和酢。鄉村人家日常飲食就是麥飯豆羹。天津地區的主要糧食作物是稻、黍、稷，所以百姓人家的主食是用脫殼的稻、黍、稷蒸煮的米飯。只有士大夫階層才能食用餅餌。漢代有一種乾飯叫作糒（bèi），就是把麥飯和米飯曬乾而成的乾糧。糒，是商旅行軍方便攜帶的食物。因此糒也就成為天津地區戍邊士兵和出海漁民們的主食。秦漢時期的粥類有粟粥、麥粥和豆粥等，是百姓人家的日常晚飯。

❷ · 方法多樣的菜餚製作

秦漢時期肉食的烹飪方法已有多種，如炙、炮、煎、熬、羹、蒸、臘、脯、醢、鮑、鮓、醬等。天津地區的海濱與河道窪地盛產各種魚類，早在戰國時期漁業就比較發達。武清東漢鮮於璜墓出土了一件盛放食物的石盒，石盒內刻有一大一小兩對耳杯、兩個盤和兩條魚，生動地反映了墓主人飲酒食魚的飲食生活。

豬、羊、魚等野生動物是天津地區人們製作肉食的原料。薊縣邦均漢墓出土的三眼火灶是秦漢時期天津地區烹飪水準的反映。灶台上的三個火眼可分別置甑和釜等，飯、湯、菜可以同時做。東大井漢墓出土的陶製火鍋既可以炙烤肉也可以煮肉。有的陶器還可以用來蒸肉。天津地區氣候乾燥，用鹽醃製食物就成為地方的飲食特色，主要方法有臘（醃肉曬乾）、脯（把肉片成薄片涂鹽曬乾）、醢（做魚肉醬）、鮑（鹽醃魚）、鮓（用米和鹽醃製魚）、醬（用豬羊血加鹽製成血醬）等。

秦漢時期的調味品有鹽、薑、醋、蜂蜜、豆豉、豆醬等，其中鹽、姜、蔥在天津地區早就被食用。豉、醬也是沿襲而來，早在周代，天津地區就種植豆類。用鹽、豆做成的豆豉，和用鹽、豆加麵做成的豆醬，成為秦漢時期的調味品。

製法多樣的肉食、調味豐富的菜餚和美酒瓊漿，僅限於上層社會食用，普通百姓人家的飲食則是麥飯豆羹與蒸菜煮湯。但豐富的魚類和鹽為普通人家食用熬魚和醃魚提供了條件。

二、魏晉隋唐五代時期的飯食與菜餚

❶ · 糧食加工工具的發展

魏晉時期，糧食加工工具已有了長足的發展，有用於舂米的碓臼、石碾，揚棄糠秕的簸箕、簸扇，磨製麵粉的連磨與水磨，過濾麵粉的籮等。這些較為先進的糧食加工器具在南方和內地使用廣泛，邊遠地區仍沿用杵臼等工具。人們運用水磨和連磨、籮等麵粉加工工具生產出更多更為精細的麵粉。隋唐五代時期，麥的地位提高。種植面積擴大，產量提高，在北方麥超過了粟，成為主要糧食作物。糧食作物的變化帶來糧食加工工具的變化。畜力石碾和水力石碾在種植粟的北方比較普及。穀物脫粒工具碓臼替代了杵臼，腳踏的踐碓與以水為動力的水碓提高了生產效率。麵食需求量大為增加，把麥子磨製成麵粉的石磨被廣泛使用，一些官員以經營大型磨坊牟取暴利。

天津市東麗區軍糧城的劉家檯子唐代墓中出土了石磨、石碾、碓臼和持箕俑，這些出土器物證實了隋唐時期天津地區已經在使用磨、碾、碓臼、簸箕等糧食加工工具了。

❷ · 種類多樣的飯食和餅食

魏晉南北朝時期粟成為北方的主糧。秦漢以來的麥飯、豆飯（煮熟或蒸熟的豆粒）、蔬飯（蔬菜與米混合蒸煮的飯）、棗飯（飯中加棗）等也是北方百姓人家的主食。這個時期天津地區的水稻種植繼續擴大，豆、棗、栗等傳統穀物果樹繼續種植。人們的主食就是以粟飯、稻米飯為主，其次是麥飯、豆飯、蔬飯、棗飯、栗飯等。戰亂頻繁的北方，用米麥等熬製的粥成為百姓人家充飢度荒的食物。富貴人家可以食用湯餅等麵食。餅食製法有蒸、煮、烤、炸等，麵食種類逐漸豐富。《齊民要術》記載了燒餅、膏環、水引等二十多種麵食的製作方法。漢代流行的胡麻餅因避諱後趙石勒和石虎改稱「麻餅」或「搏爐」（烤麻餅的爐子），成為民間的流行食物。

隋唐五代時期，麵粉主要用來製作餅食，遍及全國和各個階層。隋代謝楓《食經》與唐代韋巨源《燒尾宴食單》（五代陶穀《清異錄》收錄）記述了很多麵食名目。不過這些名稱典雅的麵點絕大多數是專供宮廷享用的。普通麵點像胡麻餅、蒸餅、湯餅、酒溲餅等，除宮廷府邸食用，酒樓飯肆和鄉村人家也能夠享用。凡是蒸製的麵食都稱為「蒸餅」，包括饅頭和包子等。煮製的麵食稱「湯餅」，包括麵條、麵葉、餛飩、餃子等。「酒溲餅」是用酒調和麵，下水煮熟即成。天津地區的各轄區都發現了唐代遺存，說明唐代時的天津地區人煙已經比較稠密。天津地區的府衙級別不高，宮廷麵點一般難以得到。官員等公職人員的食物製作，只是能在技術與原料上複雜一些，把普通麵點提高檔次。人們常食的仍然是稻米飯和粟米飯，麥飯與豆飯只是在戰亂荒年時食用，因為戰亂的環境沒有條件再磨麵做麵食。

❸・層次不同的菜餚

魏晉隋唐五代時期天津地區已經形成許多社會階層，有郡縣官吏、守軍將領、大家豪族、屯田主管、鹽官等社會上層；有富裕人家和遊歷文人等社會中層；還有農民、鹽戶、士兵、工匠腳伕等社會下層；也有出家修行的僧人道人。不同的階層因社會地位和經濟條件的差異，食用著豐儉不同層次的菜餚。天津地區的鄉村人家是食飯茹蔬，富貴人家可以食麵茹肉。

魏晉南北朝時期的飲食文獻《齊民要術》《食經》（北朝崔浩著）《食珍錄》《四月食制》等記載了當時的菜餚製作。綜合這些記述可以得知，天津地區所處區域的高檔菜餚有炙豚（烤乳豬）、缹（fǒu）豚（蒸乳豬）、酸豚（酸排骨）、蒸豬頭、腤（ān）白肉（加入鹽、豆豉、蔥的煮豬肉或魚）、五味脯（牛羊鼉、鹿、野豬與家豬等五種肉做成）、蒸羊、腤魚（燉全魚）等。這些菜餚選料相對高檔，製作複雜，一般供郡縣官吏、守軍將領、大家豪族、屯田主管、鹽官等上層人士食用。從靜海縣東灘頭的魏晉官吏豪族墓和東麗區劉台古城出土的唐代官吏墓葬來看，當時天津地區上層社會的飲食生活比較高檔，有的還上演樂舞。

相對於官吏、豪門，富裕人家和有一定身分的遊歷文人所食用菜餚就相對普通

一些。腩炙羊肉、羊肺粳米肉粥、炙魚、雞蛋魚鮓、棒炙（類似於三成熟的烤肉，邊烤邊吃，肉汁豐富）、糟肉、蒸犬（狗肉裹上雞蛋後蒸熟）、兔臛、蒸雞、炒雞蛋等菜餚選料相對普通，製作簡易。

廣大下層農民、鹽戶等吃的菜餚多是菜羹，有瓠葉羹、蔥韭羹、焦瓜瓠、焦菌（燉蘑菇）、酸白菜、紫菜菹、焦茄子等。

這些豐儉不同的菜餚是不同社會階層飲食生活的真實寫照。

❹ · 菜餚製作技術的發展

隋唐五代時期，烤肉技術有所發展，人們已能使用煤炭、木炭、柴、草、竹等不同的燃料烤炙出不同口味的肉，有烤豬肉、烤羊肉、烤牛肉、烤魚和烤禽肉等。

魚膾製作在隋唐五代時期非常流行，形成食魚膾之風。幾千年的食用經驗加深了人們對魚的認識，鯽魚、鱸魚和魴魚成為人們製作魚類菜餚的首選。天津地區主要是食用河魚和海魚，人們把鮮魚肉做成乾膾長期食用，並繼續食用以鹽和米醃製的魚鮓，還製作出夏天食用的含風鮓。

隋唐五代時期的調味品製作技術也發展較快，主要的調味品有鹹味的鹽、豆醬、豆豉，酸味的醋，甜味的蜜、糖。唐太宗派人學習了印度的熬糖法，糖成為比蜂蜜更受歡迎的甜味調料。天津地區已經把糖用於製作海鮮，《新唐書》中記載了滄州的特產——糖蟹。

❺ · 養生思想影響下的食療菜餚

魏晉南北朝時期，道教向上層發展，為了適應道教發展的形勢，葛洪總結道教理論，使道教信仰理論化。葛洪論證了道教的信仰可使人長生成仙的觀念，從而使注重養生得以長生的思想得到更為廣泛的傳播。北魏的寇謙之對天師道進行改革，改革後的天師道奉行「服食閉煉修行」。唐代的建立者李淵在滅隋建唐過程中得到了道士的大力支持，因此唐代統治者大力發展道教，使道教達到鼎盛階段。無論哪個宗教派別都主張養生，飲食養生療病的思想在唐代發展成熟，飲食

◀圖13-4 東漢時期的盤、杯和勺，天津靜海東
灘頭東漢墓出土（天津博物館提供）

與醫藥結合的食療麵點與菜餚大量湧現，產生了總結食療養生理論的著作。唐代著名醫藥學家孫思邈也是一位長壽道士。他在《千金方》中主張食治先於藥治、食不宜雜、食無求飽等原則。單列出食治方，收入食療養生食物155種。孟詵的《食療本草》反映了唐代的食療養生成就，並總結了切合實際的食忌內容。

根據隋唐五代時期天津地區的物產，人們能夠食用的食療菜餚大體如下：肉類食療菜餚有羊肺羹、豬的心、肝、腎等製作的羹、雞腸羹、釀豬肚、焦鹿蹄；蔬菜類食療菜餚有小豆葉羹、車錢葉羹等。因為隋唐五代時期的天津地區，豬、羊、雞、鹿、豆和車前草等都是常見的食材或藥材。豬心具有安神、緩和癲狂、止虛汗等食療功效，豬肚生肌和胃、補中氣，豬肝則明目養血。羊肺具有通肺氣、利小便、行水解毒之功效。雞腸對於治療遺尿有一定功效，鹿蹄可以治療風冷濕痺。赤豆葉子在《千金方》中稱為「小豆藿」，治療多尿，明目、止渴。車前葉子羹具有利尿、清熱、明目、祛痰等功效。這些食療養生菜餚是中華民族「醫食同源」思想在天津地區的體現，使得這一寶貴思想得以弘揚。

❻‧飲食器具由陶器發展到青瓷

美食配美器，食物製作技術的發展也推動了飲食器具的發展。寶坻區秦城遺址主要是秦漢文化遺存，發掘出大量的漢代陶製飲食器具，有陶罐、陶盆、陶碗、陶壺、陶甕、陶釜、陶甑、陶豆、三足陶盒、陶缽等。在武清區的東漢鮮於璜墓出土

▲圖13-5 唐代陶器，天津東麗軍糧城出土（天津博　　▲圖13-6 宋代陶器，天津遼人墓出土（天津博物
　　物館提供）　　　　　　　　　　　　　　　　　　館提供）

了六件陶耳杯、四繫青釉罐等飲食器具。

　　魏晉時期原始瓷器碗、壇、罐、盤等飲食器具趨於常見。武清區齊莊遺址的北朝墓葬中出土了陶罐，東麗區軍糧城等遺址出土了魏晉時期的二件青瓷罐，屬於北方流行的典型晉瓷。從出土器物來看，魏晉南北朝時期天津地區的炊器和飲食器具仍以陶器為主體。因為當時的瓷器主要產自南方，天津地區地處邊境，瓷器比較少見。

　　唐代的幽州是唐抵禦契丹進攻的軍事重地。戰爭和防禦需要的軍糧由南方運來，天津東麗區的軍糧城由此而來，軍糧城的劉台古城就是唐代所建。考古人員在軍糧城周圍發掘出了唐代的飲食器具。西南（hèng）遺址出土了一件唐代早期的白瓷碗，劉台古城與墓葬中出土了青白釉瓷碗七件、一件雙耳青瓷罐、三件瓷缽，白沙嶺唐代墓葬中出土了青瓷碗和青瓷豆各一件。寶坻區、武清區、大港區等都在唐代遺存中出土了瓷碗、瓷罐等飲食用具。由此可以看到天津地區的飲食器具從陶器發展到青瓷器的清晰脈絡。

三、「麵食糕餅，肉食牛羊」的宋遼金時期

❶・胡漢交流對天津地區飲食文化的影響

宋遼時期的天津地區是兩個政權的邊界地，胡漢飲食交流影響了地處北宋與遼、南宋與金邊界的天津地區飲食發展。契丹人建遼，據《契丹國志》記載，遼皇帝對宋朝皇帝的賀禮中包括酒、山果、白鹽、青鹽、牛、羊、野豬、魚、鹿臘（用鹿肉做的臘肉）等飲食原料。宋代皇帝的回禮與使遼禮品包括秔（jīng）粟（粳米和粟米）、麵粉、酒、茶、水果、金銀製的飲食器具等。

遼在天津地區實行「漢人制漢」的政策，但也有契丹人居住。女真人建金，金時漢族與女真等民族混居。受契丹與女真游牧民族飲食文化的影響，天津地區傳統的飲食內容在遼金時期發生了一些變化，反映在飲食結構和烹飪方法的變化上。契丹與女真的肉食製作有生食、濡（用調味的湯烹煮）、燒烤、臘肉、脯、肉糜製作肉粥等方法。濡肉，就是用鹽水浸泡後的鹹肉。肉糜，就是把牛肉、羊肉、鹿肉等肉食做成肉醬。脯，就是乾肉。把牛肉、羊肉等肉用鹽做成鹹肉乾，稱為「羊犯」或「羊脩」。

由寶坻縣志編修委員會編纂，由天津社會科學院出版社一九九五年出版的《寶坻縣志》收錄了這樣一首兒歌：「拉大鋸、扯大鋸，姥家門前唱大戲。……先搭棚、後掛綵，牛肉包子往上擺。牛肉片兒，好大塊，雞蛋打鹵過水麵兒。」其中「牛肉片兒，好大塊」就是遼代盛行的「煮鮮肉」之遺風。張國慶所著的《遼代社會史研究》記述了「煮鮮肉」的做法：把治淨的牛、羊肉切成大塊放在鍋中煮熟，然後切成薄片，蘸著蒜泥、蔥末、醬、鹽、醋等佐料吃。

穀物製品有炒米、米粥、煎餅、炊餅、胡餅、湯餅、蒸餅、蜜糕、鬆糕等。乳製品有乳酪、乳粥等。蔬菜一般生吃或者熬成菜湯或蒸煮菜飯。女真人喜歡吃新鮮的野菜，他們用榆莢、松皮也能做成菜餡。水果除鮮果生食外，還做成乾果、果脯。這些飲食習俗都傳到了天津地區。契丹和女真等少數民族的飲食文化與漢族沿襲的飲食文化在天津地區交融，是農耕飲食文化與游牧飲食文化的交融，從而促進

◀圖13-7 遼代《備茶圖》（局部），河北
宣化下八里村7號遼墓出土
（李清泉：《宣化遼墓壁畫散樂
圖與備茶圖的禮儀功能》）

了各自的發展，豐富了人們的飲食生活。

　　金滅北宋後，包括廚師在內的大批工匠被擄掠到金，遺民與廚師把宋的飲食文化帶入金。漢人帶入了糕點的製法，女真人也學會了用柿子、棗泥、糯米、松仁、蜂蜜等為原料蒸製柿糕。隨後女真人的主食也有了漢人的饅頭、湯餅、燒餅等。受漢人的影響，女真人的菜餚製作技術顯著提高，不僅酒菜豐盛，而且學會了製作茶食。節日飲食習俗具有了鮮明的漢文化特色。立春之日，鞭春牛，送春盤，烙春餅，吃春菜。被金扣留十六年的南宋使臣朱弁在《擅長命作歲除立春日》的詩中描寫了金人的立春風俗。「土牛已作勸農鞭，葦索仍專捕鬼權。竊喜春盤兼守歲，莫嗟臘酒易經年。」說明節日飲食習俗上，女真傳統與漢族傳統已經趨於融合。

❷・兩宋與遼金的榷場互市對雙方飲食生活的影響

　　澶淵之盟[1]後，宋遼邊境的榷場互市正常化，天津地區所處的滄州也設立了互市。北宋輸出的物品有香藥、犀角、象牙、茶葉、繒帛、漆器、粳米、糯米和書籍

1　澶淵之盟：西元1004年，遼軍南下深入宋境，宋真宗打算遷都南逃，在宰相寇準等人的堅持下，真宗駕臨宋遼交戰的澶州。受皇帝親征鼓舞的宋軍打敗了遼軍，宋真宗與遼議和，簽訂了盟約，史稱「澶淵之盟」。

等，遼輸出的物品有羊、馬、橐（tuó）駝（駱駝）、銀錢和布等。宋金邊境的榷場貿易促進了雙方飲食原料的交流。南宋向金輸出的主要有茶、香藥、生薑、陳皮、荔枝、龍眼、金桔、橄欖、芭蕉乾、蘇木、溫州蜜柑、橘子、沙糖、生薑、梔子，以及犀象、丹砂等。金向南宋輸出的商品主要有鹽、藥材以及絲、綿、絹等。從交易物品來看以飲食原料為主。

雙方的物質交流促進了各自飲食文化的發展。契丹族起初受地理環境和民族飲食傳統的影響，肉乳製品比重很大。隨著與漢人的物質交流，漢人的米飯、蔬菜、水果和茶酒進入了契丹人的飲食生活，他們還學會了製作饅頭、糕點和煎餅等。中原的茶道伴隨茶葉貿易傳給了契丹人，在遼金與兩宋之間的歲幣與榷場貿易中，茶是其中的重要一項。天津地區在遼金時期，漢族與契丹、女真的飲食生活相互影響，使飲茶滲入各個階層。河北宣化下八里村的遼代墓壁畫中有完整的《煮湯圖》《將進茶圖》和《茶道圖》，逼真地再現了遼代貴族飲茶的過程，鮮明地展示了遼代所繼承的唐代茶道。

契丹人還喜歡飲用由宋傳入的菊花酒、茱萸酒，喜歡吃天津地區的風味食品。遼代，皇帝在端午節時可吃到天津地區所處渤海一帶廚師製作的艾糕。在渤海人的葵菜羹的影響下，女真流行製作此菜。通過榷場貿易，女真人獲得了宋的茶，遂使金人飲茶成風。從榷場互市得來的荔枝、圓眼、金桔、橄欖、溫州蜜柑、橘子等水果深受女真貴族的喜愛，他們還把這些水果製成蜜餞和果脯。

▲圖13-8 艾糕

同樣宋人的飲食生活也受到契丹、女真的影響。南宋使臣洪浩由金歸宋時把西瓜引入南宋。南宋詩人范成大在《西瓜園》中寫道「碧蔓凌霜臥軟沙，年來處處食西瓜。形模濩洛淡如水，未可葡萄苜蓿誇。」詩人在詩題下注寫明了西瓜本是燕北種植，今河南皆種之。在兩宋的飲食店中也售賣契丹和女真的食物如乳糕、乳餅、高麗糕等。

第四節　飲食文化發展的影響因素──製鹽與漕運

秦漢至宋遼金時期，天津地區飲食文化發展的因素是煮鹽業的興旺與軍糧漕運的發達以及飲食觀念的變遷。天津地區地窪濱海的地理環境造就了漁鹽之利，地處邊境與軍事地勢造就了軍糧運輸重地的地位。

一、製鹽生產管理日趨加強

鹽在古代主要被用作調味品。與糖、醋、蔥、薑等五味調味品不同的是，鹽自產生以來就包含了政治經濟因素。天津地區的海鹽生產可以上溯至西周時期。《周禮·地官》「幽州，其利魚鹽。」戰國時期，齊國與燕國就在這裡煮制海鹽。

❶·設置鹽官和鹽關

西漢時期在天津地區所屬的章武、泉州兩縣設置了鹽官，管理鹽業生產和稅收。清代關上謀《蘆台玉砂》詩云：「鹽產蘆台盛，持籌左度支。法原前漢備，利自後唐貽。」意思是蘆台大量產鹽，管理國家財政的度之在這裡設機構管理鹽稅。蘆台就位於今天天津市寧河縣的蘆台鎮。早在西漢時期蘆台就有管理製鹽的機構，後唐趙德鈞建立蘆台鹽場，造利一方。曹魏時期在寶坻一帶設立鹽關，位於今天寶坻城區的「鹽關口」由此得名。運輸官鹽的小河被稱為「小鹽河」，就是今天漢沽

的前身。《水經注》：「清河又東，逕漂榆邑故城南，俗謂之角飛城。《趙記》云：『石勒使王述煮鹽於角飛，即城異名矣。』」[1]角飛城就是漂榆邑古城，位於今天東麗區的務本村一帶。據北魏酈道元記述，漂榆邑古城人都依靠煮鹽或販鹽為生計。東魏定都鄴（今河南安陽一帶）後，在幽州、滄州、瀛洲等傍海之地設灶煮鹽，收取鹽稅用於國庫和軍隊開支。

❷·鹽屯發展為鹽場

唐代加強了天津地區煮鹽的生產管理。唐代李泰主編的《括地誌》載：「自勃海至平原，其間濱海煮鹽之處，土人多謂之豆子䱷（gāng）。」[2]「豆子䱷」就是今天的鹹水沽。唐代在幽州一帶推行屯田和鹽屯，用鹽的數量抵充應繳的糧食。唐代杜佑的《通典·食貨》載：「幽州鹽屯，每屯配丁五十人，一年收率滿兩千八百石以上，准營田第二等；兩千四百石以上，准營田第三等；兩千石以上，准營田第四等。」

後唐同光年間，駐守幽州的趙德鈞充分利用天津地區一帶鹵地廣布的特點，發展製鹽。趙德鈞在今寧河縣內的蘆台設立鹽場，建倉庫貯存鹽。開挖河渠，把鹽運賣到瀛州（今河北河間）和莫州（今河北任丘北）一帶，造福一方。金劉晞顏撰寫的《新倉鎮改寶坻縣記》載：「同光中以趙德鈞鎮其地，十餘年間興利除害，人共賴之，遂因蘆台鹵地置鹽場，又舟行運鹽，東去京國一百八十里，相其地高阜平闊，因置榷鹽院，謂之新倉以貯鹽。復開渠運漕鹽於瀛、莫之間，上下資其利，遂致饒衍，贍於一方。」[3]所以闕上謀詩云「法原前漢備，利自後唐貽。」為了傳頌趙德鈞造福一方的功德，當地人們修建了德鈞廟。趙德鈞後來叛亂變節，德鈞廟就被人們冷落了。五代時期戰亂動盪，煮鹽時而遭到破壞，在這種社會形勢下產生了鹽神信仰，修建了鹽姥（mǔ）祠。後晉石敬瑭欲謀得帝位，為取得遼的支持，把幽雲十六州割讓給遼，其中就包括蘆台鹽場。

1　酈道元撰，陳橋驛等譯註：《水經注全譯》，貴州人民出版社，1996，第332頁。

2　顧祖禹撰，賀次君、施和金點校：《讀史方輿紀要》，中華書局，2005，第566頁。

3　寶坻縣志編撰委員會：《寶坻縣志》，天津社會科學院出版社，1995年，第948頁。

❸・鹽業興盛設寶坻

遼加大了製鹽管理，設置新倉鎮。位於今天的天津市寶坻區城區。伴隨著製鹽的發展，新倉鎮發展成市鎮。金建都南京（今北京），鹽業興盛帶來市鎮的繁華，以新倉鎮最為繁榮，「畿內重地，新倉鎮頗為稱首。」大定十一年（西元1171年）冬，金世宗巡幸新倉鎮，看到人煙稠密，便對隨從臣僚說可改為縣第。次年改為寶坻縣，「鹽乃國之寶，取如坻如京之意」。

為統一管理，把新倉鹽使司與永濟務鹽使司合併為寶坻鹽使司。金泰和元年（西元1201年），又在清州北靖海縣（今靜海縣）設置滄鹽場。

❹・製鹽發展源於多重需要

天津地區的製鹽主要是有賴於傍海地窪的地理環境，天津地區的人們無法在鹵地上發展種植業，就充分利用海鹽資源發展製鹽。最初並非為了牟利，而是交換食物。至西漢時期，政府把製鹽納入管理，控制製鹽、收取鹽稅，以獲取豐厚的鹽利。管理促進了擴大生產，生產擴大需要進一步的管理，到金時，管理製鹽的鹽使已經官居五品。製鹽發展的原因是政府獲得高額的鹽稅，根本原因是人們對鹽的依賴性。自漢代到金，天津地區製鹽的生產與管理發展明晰地反映了兩個方面的需求。其一是人口增長對鹽的需求量增大；其二是政府控製鹽的政治與經濟需求。

鹽是不可或缺的調味品，更是維持人體生命之必須。鹽對人們的生存意義形成了鹽宗等神話傳說，由此又衍生出製鹽生產與管理的政治目的與經濟價值。王朝統治者對製鹽生產與管理的重視，促進了當地與周邊鹽經濟、鹽文化的發展。在這個時期，鹽已經超越了食用價值，形成了內涵豐富的「鹽文化」。

二、漕運規模日益擴大

天津地區漕運的產生源於這個時期天津地處邊境的歷史地理位置。曹魏時期，曹操為消滅依附遼東烏桓的袁紹殘餘，派董昭在天津地區濱海平原上自南向北開挖了泉州渠、平虜渠和新河運輸軍糧。《三國志・魏書・太祖本紀》載：「公將征之，

鑿渠,自呼沱入潞水,名平虜渠;又從泃河口,鑿入潞河,名泉州渠,以通海。」[1]自此始一直到金,天津地區的漕運一直擔負著軍糧運輸的任務。

隋大業四年(西元608年),隋煬帝為運輸攻打遼東所需軍糧開挖了永濟渠。《隋書‧帝紀第三》:「四年春正月乙巳,詔發河北諸郡男女百餘萬開永濟渠,引沁水,南達於河,北通涿郡。」[2]南引黃河,北抵涿郡(今北京通州)的永濟渠從今靜海縣的獨流鎮經河北的窪地到達通州,獨流鎮就形成於隋代的軍糧運輸。

唐武則天時期開始把江淮地區的糧食經天津地區海運幽州,自開元年間形成制度。河北平原河流匯合的海河口成為海漕的轉運地,史稱「三會海口」。唐代時期在「三會海口」建立了軍糧運輸城即今天的天津東麗區劉台古城。通過漕運,江南吳地的粟米和粳米被轉運到軍糧運輸城。杜甫的《昔游》詩曰「幽燕盛用武,供給亦勞哉。吳門轉粟帛,泛海陵蓬萊。肉食三十萬,獵射起黃埃。」[3]杜甫在《橫吹曲辭‧後出塞》中描寫了漕運江南吳地糧米、浙江、兩湖一帶布帛的壯觀場面,「漁陽豪俠地,擊鼓吹笙竽。雲帆轉遼海,粳稻來東吳。越羅與楚練,照耀輿台軀。」

金泰和五年(西元1205年),金章宗親自掌管了通州漕河的開挖,新開挖的河渠改變了永濟渠的流向,河道在靜海獨流北行經天津地區的三岔河口轉入潞河再上溯至通州。此後,三岔河口就成為金京城糧運的咽喉要地,在此設立了直沽寨,天津城開始萌芽。

因軍事需要開闢的漕運在南北距離上不斷加大,曹魏時期是河北平原,唐代中後期擴大到江淮地區。金代的漕運由軍事變為京城生活所需,使漕運規模繼續擴大。無論是軍事還是生活,漕運滿足的都是飲食所需的糧食。所以說漕運形成的根本因素是人們的飲食需求。溝通南北的漕運在天津地區的「三會海口」留有軍糧城,「三岔海口」產生了直沽寨。邊防重鎮和京師的飲食需要帶來了天津地區的發展。

1　陳壽:《三國志》,中華書局,1964年,第28頁。
2　魏徵、令狐德棻:《隋書》,中華書局,1973年,第70頁。
3　杜甫著,鄧魁英、聶石樵選譯:《杜甫詩選》,南海出版社,2005年,第213頁。

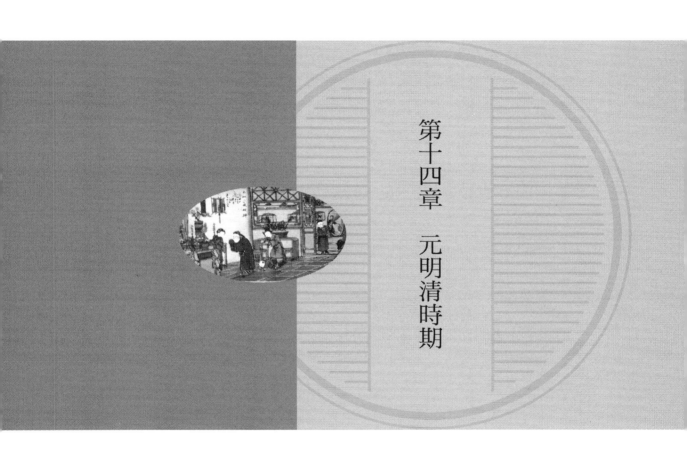

第十四章　元明清時期

西元一二七六年，元軍攻破偏安江南的南宋都城臨安，西元一二七九年滅掉了南宋最後一支抵抗勢力，統一了中國。至此一直到西元一八四〇年鴉片戰爭，中國處於統一的多民族國家時期。明清兩代是我國農耕社會發展的頂峰時期，也是農耕文明的總結時期。這個歷史時期的天津，從金代的一個村寨直沽寨，到元代發展成為市鎮海津鎮，到明代永樂初年建城設衛，至此，天津城形成。清代天津升格為府，成為北方重鎮。「城」的發展擴大伴隨著的是人口的增加，「市」的發展是手工業與商業發展的結果。元明清時期，天津城市的發展帶來了城市人口的增加和工商業的興盛，碼頭文化興起。「右文風尚」促進了文化教育的發展。在城市發展需求的刺激下，天津地區的飲食文化進入繁榮階段。

第一節　屯田制度下的飲食原料生產

天津地區城市的發展首先要解決的就是吃飯問題。無論是披甲執銳的官兵、執掌一方的官吏、糧鹽聚富的豪商還是販夫走卒、腳力工夫都需要在飲食需求滿足的情況下開展自己的活動。這個時期，天津地區穀物、蔬菜的種植，家禽家畜的飼養以及捕魚為全社會提供了豐富的食物資源。豐富的野生蔬菜、野果和野生動物又起到了調節補充作用。

一、「酸棗林邊買犢耕」——元代屯田

元代秉承「以農為本」的治國理念，推廣農桑種植。《元史・食貨志》載：「種植之制，每丁歲種桑棗二十株。土性不宜者，聽種榆柳等，其數亦如之。種雜果者，每丁十株，皆以生成為數，願多種者聽。其無地及有疾者不與。所在官司申報不實者，罪之。仍令各社布種苜蓿，以防饑年。近水之家，又許鑿池養魚並鵝鴨之數，及種蒔蓮藕、雞頭、菱角、蒲葦等，以助衣食。」

繼金之後，元政府在天津地區繼續推行屯田制度。以軍屯的形式把農田分撥給士兵屯種，軍隊的駐地也稱屯營，政府給與種子、農具。《元史·武宗本紀》載：「庚戌，以鈔九千一百五十八錠有奇市耕牛農具，給直沽酸棗林屯田軍。」清代汪沆編撰的《津門雜事詩》曰：「呼許呼耶銜尾行，千檣玉粒貢神京。若為少惜東南力，酸棗林邊買犢耕。」詩文描繪了眾多的運糧船結隊而行的情景，船工們辛苦地把江浙等地的糧米運到京城。為了減少對漕運的依賴，元政府在天津地區及周邊大力推廣屯耕。一九七三年，天津市文物管理處考古隊在西青區小甸子元代屯田處（元代酸棗林故址）發掘了犁鏵、耬鏵、犁鏡、鏟、耙、鐮、垛叉等農具。

天津地區在元代的屯田中，大司農所轄屯田兩處、樞密院所轄屯田兩處、宣徽院所轄屯田兩處。至大二年（西元1309年），元武宗調遣漢族軍士五千，給田十萬頃，在直沽沿海屯種。又增派康裡軍兩千沿海屯種。「康裡軍」是來自中亞地區的穆斯林士兵，康里，宋稱「抗里」，徐霆在《黑韃紀事》裡把「抗里人」稱為「回回」。因為他們同來自西域的人一樣，都有禁食豬肉的習俗，被蒙古人泛稱為「回回」，大蒙古國政府把他們正式編入戶籍，名「回回戶」。這兩千回回康裡軍開始在天津地區定居生活，也把回族的物產帶到了天津地區。

屯種與農桑政策使天津地區農業經濟逐步得以恢復。屯田不僅種植稻、麥、粟、黍、豆等糧食作物，還種植棗樹、蓮藕、菱角等水果蔬菜，養殖魚、雞、鴨、鵝等水產、家禽。清代天津地區方志物產中的「回回豆」（鷹嘴豆）的種植有可能始於元代。

二、葛沽變作小江南——明清屯田

元代的屯田時斷時續。至明初，元末以來的戰爭使北方一片凋零，洪武年間在北京周邊推行屯田，天津地區也在其列。

明朝中後期的天津地區屯田取得了顯著成效。萬曆年間，保定巡撫汪應蛟在天津地區何家圈（今灰堆一帶）、白塘口、賀家口（今天津老城東南）、蘭田（今

天津南市一帶）、葛沽、東西泥沽、吳家咀和盤沽等地屯田十處，共稱「十圍」。在天津地區三衛的屯田計有9200餘頃。圍田名字的第一個字連起來恰好是一副勸民屯田耕種的對聯：「求人誠足愚，食力古所貴」。又在葛沽整治耕田5000畝種植旱稻和豆類，斥鹵盡變膏腴。明弘曆年間禮部尚書李東陽在《定南禾風》詩中云：「萬里黃雲吹不斷，一天翠浪捲還空」[1]，描繪了天津地區城南碧色的稻田極目連天的景象。

明天啟年間的左光斗以興辦屯學的形式促進了天津地區的屯田發展，把昔日草荒之地變得絕似江南。大科學家徐光啟在天津地區買地進行農業試驗，種植麥、豆、稻，從南方引進水稻良種和可以充飢的紅薯。

清代天津地區屯田的主要成就始於康熙、雍正時期。康熙時天津總兵藍裡在天津城南利用窪地倣傚江南屯種水田。他先後開墾水田二百餘頃，康熙就把這些田地賜予藍裡，稱「藍田」。康熙年間詩人戴寬曾作詩曰「新起浮屠插翠煙，戲邀女伴踏藍田」。招募福建浙江一帶農民種植水稻，這一帶「雨後新涼，水田漠漠」，被譽為「小江南」。雍正五年（西元1727年），陳儀領天津營田局。他首先恢復廢棄的「藍田」，後又仿照明代汪應蛟的辦法在賀家口至東西泥沽一帶屯田，稱「營田十圍」。陳儀先後營田七萬餘畝，使天津一帶一度出現了「溝洫既修，歲以比登」的豐收景象。

清代天津城市的發展帶動了周邊城郊農副產品的發展。城市生活所需糧食，尤其是蔬菜魚肉等，基本上由城郊供給。在粟、稻、豆的供給過程中，農民設法改良品種，產生了「葛沽稻」、城南梨園頭的麥子「壓車翻」等地方名特產。為了滿足城市飲食發展需要，還引種了南方的茭白，「脆美肥白，不減江南」。清康熙初年，清政府為防止沿海居民海上抗清，遂實行嚴厲的「海禁」，禁止民間的海上捕撈和非官方的海外貿易。海禁解除後，天津地區的名貴魚類黃魚、銀魚、對蝦等水產，除了供給天津城外還銷往京城。

1　繆志明編註：《天津風物詩選》，天津文史研究館，1985年，第14頁。

第二節　文化品位日益提升的酒茶之飲

元明清時期，天津地區的漕運與鹽業發展迅速，尤其是明清時期達到了鼎盛。天津地區築城設衛，重在防衛功能，但是城市的性質迅速地展現出其鮮明的商業特性。城市社會經濟的發展促進了城市文化的發展，市民生活的文化氣息日趨濃厚。

一、酒飲

天津城萌芽於金時的直沽寨，元至正九年（西元1349年）立鎮撫使於海津鎮，那時已經具備了宋代鎮的特點，設「鎮砦（zhài）官」，「諸鎮置於管下人煙繁盛處，設監官，管火禁或兼酒稅之事。」[1]元代的直沽，「舟車攸會，聚落始繁」，元代詩人張翥（zhù）《蛻庵集》云：「一日糧船到直沽，吳罌（yīng）越布滿街衢」。史籍的描述表明海津鎮已是水陸匯聚，南貨比街的市鎮。

元世祖至元年間（西元1264-1295年），在大直沽修建了海神媽祖廟——大直沽

▶圖14-1 元大直沽天妃廟遺址
　　（天津博物館提供）

1　脫脫等：《宋史》，中華書局，1977年，第3979頁。

天妃宮，海運把媽祖信仰傳播到了天津地區。元代的海津鎮不僅漕運興盛，製鹽業也發展較快。製鹽業帶動了商業的發展，元代王翼在《三汊沽創立鹽場碑記》中道：「招徠者日益眾，河路通使商販憧憧往來」。[1]漕運把吳越的語言文化與手工業產品帶到這裡。一旦有糧船到達，這裡滿街都會看到從南方帶來的物品。「兵民雜居久，一半解吳歌」的詩句，就是當時直沽一帶生動的反映。鹽戶、漕工、商販、兵民構成了元代直沽海津鎮的人口。流動人口與居民的增加，使飲食需求量隨之增加。鹽業、漕運、商業等行業的繁榮，形成了管理機構、駐守防務的官員等一批中高消費階層，他們頻繁宴飲飲酒風氣盛行，從而催發了釀酒業的發達與酒文化的興盛。

❶ · 元代的醨（shī）酒、美酒和馬奶酒

對於元代直沽釀酒業的興起，郭鳳岐在《從先有直沽酒到開壇萬里香》一文中總結了五點原因：漕運的漕工飲酒解乏去思鄉之愁；商賈往來和生活飲酒；衙署官吏需要飲酒；海津鎮的鎮署與兵丁需要飲酒；祭祀海神、鹽神等信仰神靈需要酒。這些原因涉及元代直沽的經濟、政治、軍事和文化，足見酒飲在社會生活中的作用。

元代直沽產生了釀酒作坊，因為剛剛起步，所以酒的質量不高，味道較薄。古代把味道比較薄的酒稱作醨酒或醨酒，當地人日常就飲這種醨酒。清代汪沆在《津門雜事詩》中追憶了元代直沽漕運用酒祭祀的場景：「辛苦何辭粳稻輸，樓船萬斛轉東吳；黑風倖免吹兒墮，醨酒椎牛祭直沽」。

元代最好的酒是江南的「東陽酒」，比天津地區的「直沽酒」要好許多。元代《接運海糧官王公董魯公舊去思碑》載：「直沽素無嘉醢，海舟有貨東陽之名酒者，有司市以進，公弗受。」這則記述的是二位官員不接受江南東陽美酒為官清正廉明之事，但也反映出官署和富商們是可以從東陽購進江南美酒的。官員們不喜歡喝直

1　薛柱斗撰：《新校天津衛志》，成文出版社，1934年，第217頁。

沽本地釀造的醨酒，而喜飲海運而來的江南東陽美酒，不僅因為在味道上此薄彼厚，也是為標誌自己的身分與飲酒場合的需要。儘管沒有具體的文獻記載，但是不難看出天津地區高消費階層對美酒的追求。

直沽和海津鎮與元都城大都臨近，都城的飲酒必將對這裡產生一定的影響。元代蒙古貴族喜歡飲用傳統的馬奶酒、美味葡萄酒和養生保健藥酒。駐守在直沽、海津的蒙古貴族也飲用馬奶酒、葡萄酒和藥酒。

由此看來，本地釀造的醨酒、江南地區的美酒、西部的葡萄酒、蒙古族的馬奶酒與保健養生的藥酒構成了元代直沽與海津鎮各階層的飲酒類別。

❷・明清時期釀酒的普及與技術的提高

明代是酒文化大發展的時期，因為政府既不徵收酒稅也沒有頒布過禁酒法令。釀酒技術超越了前代，品種也大為豐富。宋元時期的低度水酒逐漸被明清時期的高度蒸餾酒代替。在全國各地的酒類品種中不斷湧現出一些名聞一方的名酒，如「古井貢酒」「景芝高燒」「五加皮」等。在全國釀酒技術發展的形勢下，直沽的釀酒技術也隨之提高。明代，大直沽的很多村民都掌握了釀酒技術，明永樂年間，大直沽村3000戶村民約有一半以釀酒為生，釀酒的數量與質量都在逐步提高。明嘉靖年間，大直沽的燒酒已經能夠滿足天津軍民的飲酒需要。

明代的直沽酒比元代要好，但是直沽的燒酒同其他地區的酒相比，名聲還是稍遜一籌，尚未產生著名的品種，所以具體酒名不見於文獻記載。

清代的大直沽酒業呈現新的發展趨向，由單一的「高粱燒」向白酒、藥酒、果酒三大系列發展。到乾嘉年間已能夠生產出「高粱燒酒」「玫瑰酒」「五加皮酒」等類別，形成了三大名酒系列。乾嘉年間詩人唐芝九的《各色酒》道出了當時所產酒類的品種：「茵陳玫瑰五加皮，酒性都從藥性移。還是高粱滋味厚，寒宵斟酌最相宜。」清代中期詩人崔旭《碾堂竹枝詞》描摹出當地直沽酒的香氣和品貌：「名酒同稱大直沽，香如琥珀白如酥。」這些酒都成為當時天津地區上流社會宴飲的名品。用於官場的交際，富商的鋪張以及文人雅士的享用。

二、茶飲

❶ · 漕運轉港的重要樞紐

元代的另一大流行飲品是茶。元代農學家王禎在其《農書・百穀譜集之十・茶》中說：「夫茶，靈草也。種之則利博，飲之則神清。上而王公貴人之所尚，下而小夫賤隸之所不可闕，誠民生日用之所資，國家課利之一助也。」上至帝王將相下至黎民百姓已經把飲茶作為一種生活習尚。貼近民眾生活的元雜劇中常引用「早晨起來七件事，柴米油鹽醬醋茶」這句民間流行的諺語。元代，飲茶已是人們不可或缺的日常生活。直沽與海津鎮自當也離不開茶。

茶在元代的需求量很大，售茶的茶坊遍及全國的城鎮。茶農通過種茶製茶獲得生活所需費用，官府通過管理抽稅獲取課利。同鹽引、酒引一樣，茶引制度成為國家財政稅收的重要來源。

直沽是元代漕運的轉運基地，南方糧米與茶葉等大批物品運抵直沽，然後再經北運河轉運到元大都。蒙元史專家王曉欣教授介紹說：「自元代開通漕運後，每年都有數百萬石糧米及絲綢、茶糖等大批物資自江淮經運河和海運運抵直沽，再轉運京師。」

明代，在漕運的刺激下天津商業發展起來。漕運米糧要在這裡交驗轉運，天津成為隨船附載土宜（土特產）理想的脫手發賣地。南方的商船把閩粵江淮等地的貨物販運到天津，其中就包括茶。天津社會科學院研究員郭蘊靜的著作《天津古代城市發展史》講到「大量的商品貨物紛紛湧入天津，在此交易貨賣。如閩廣的蔗糖、藍靛（顏料）、茶葉、海貨、珍貴木料、乾鮮果品等」。元明兩代大量茶葉作為商品在天津交易使這裡成為茶葉轉港的重要樞紐。

天津城建衛之初，城內居民多數是來自江淮的南方官兵及其家眷。漕運與鹽業推動著天津由軍事防衛的衛城發展為北方商業城市，來自閩、粵、吳、楚的商人在這裡定居經營。城市的發展，商業的繁榮帶動了文化的發展，形成了一批儒雅商人，吸引了一些文人在此逗留。南方移民加速了茶文化的普及，明代天津地區飲茶

的文化色彩愈加濃厚。

明代是我國茶文化發展的重要時期，不僅繼承了前代的茶文化成果，而且一些見解獨到的茶文化著作也相繼問世。文人士大夫講求選茶、烹茶、茶具與品茶。民間飲茶與生活習慣、信仰結合形成飲茶習俗。

❷ · 市井茶館品茗看戲

清代，天津地區的茶文化進入了興旺發展的高峰時期。文人儒士追求飲茶雅尚，民間茶肆提供茶飲茶食。飲茶與娛樂相結合，茶樓書場成為藝人演出的場所。

清代中葉，受毗鄰京城休閒生活的影響，天津出現了茶館。茶館初期是伶人排戲的地方，後來民間說唱藝人也在此演藝。嘉道年間崔旭的《茶館》詩曰：「清涼茶肆淪湯初，座上盲翁講法如。一自梨園誇弟子，三弦冷落說唐書。」[1]茶館成為人們休閒飲茶的娛樂場所。

建於清代初期的「福來軒」是清代天津茶樓「十大軒」之一。位於北大關金華橋旁，坐北朝南，二層磚木結構。福來軒的樓上有一條帶廈走廊，能容納觀眾200人觀看藝人表演。

「十大軒」之一的「三德軒」約創辦於清道光二十年（西元1840年），位於被譽為「銷金窩子」的侯家後中街與歸賈胡同的交叉口。全場可容納觀眾120人左右，上午賣清茶，下午說書。

在茶館品茶、看戲，是當時天津人的一大樂事。

❸ · 私家園林茶香沁骨

清代天津地區的鹽商修建了私家園林，常約文人在此品茶作詩畫。在富商的私家園林裡，在官員們的府衙內和文人們的詩會上，飲茶充滿了濃厚的文化氣息。

天津地區鹽商查日乾的私家園林水西莊是清代中期著名的園林，袁枚在《隨園詩話》中將它與揚州的「小玲瓏山館」、杭州的「小山堂」並稱清代「三大私家

1　雷夢水等編：《中華竹枝詞》，北京古籍出版社，1997年，第449頁。

園林」。查氏宴集文士，款待名流，清初名士趙昱、杭世駿、張問陶、徐云、萬光泰、陳皋、汪沆、余戀檔，劉文煊、胡峻、高風翰、佟金宏、胡捷、元信、元弘等都曾游駐於此。文士們與主人品茗著文，著名詩人厲鶚與查為仁籌燈茗碗，商榷箋注，蒐羅考訂，頗費心血，為南宋周密編選的《絕妙好詞》作箋（即註釋），撰成《絕妙好詞箋》，後被收入《四庫全書》，成為研究宋詞的必備書籍。

清康熙年間兵部郎中張霖修建了「問津園」，在豪華的園內大興茶藝。詩人沈一揆在其《游問津園》中描寫了園內泡茶的技藝，「短榻堪停足，泉香熟茗芽」。張霖以鹽聚富，他在福建、雲南布政使任上，因販賣私鹽被革職入獄，家產被抄，「問津園」也隨之荒廢。張霖的曾孫張映辰為恢復祖業，修建了「思源莊」。乾隆年間天津地區詩人沈峻留有《張氏思源莊即景》二首，其中一首寫道「睡起茶香清沁骨，又憑曲檻聽流鶯」。晨起飲用香茶，頓覺清心沁骨，又憑靠曲檻聽悅耳鳥鳴，園主人的怡然生活躍然紙上。

❹ · 寺院修行茶禪一味

清代初期皇帝尊崇佛教，天津地區的佛教有了較大發展，修建了不少佛教寺廟。順治十五年（西元1658年）修建了大悲院。康熙五十八年（西元1719年）巡幸

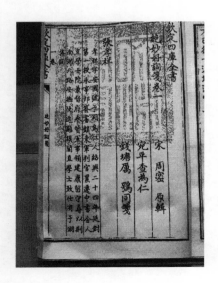

◀圖14-2 《絕妙好詞》書影
　　　　（天津博物館提供）

城南普陀寺，賜名「海光寺」。據張燾的《津門雜記》（刊行於光緒十年，即西元1884年）載，僅天津城內就有草場庵、水月庵、觀音寺、藥王廟、魁星閣、朝陽觀、慈慧寺、海光寺、呂祖堂等廟庵寺觀等數十座。寺廟裡的佛道信徒飲茶修行。修行與飲茶都追求氣靜心平、用心體味的精神境界，且茶可破睡，故自古認為「茶禪一味」。

此間出現了許多文人描寫寺院僧人飲茶修行的詩文，把飲茶推向了新的意境。

張霖之弟張（shù）的《九日尋秋大悲院》以清新的詩句刻畫了大悲院的修行者焚香啜茗的情景，「半塢白雲真可愛，焚香啜茗細談心」。康雍年間的詩人佟鋐（hóng）寓居天津城西佟園，他在《冬日過海光寺》一詩中描寫了海光寺裡僧人焚香飲茶的場景，「到來為覓湯休話，人在茶煙窗影中」。雍正年間詩人李源的《寄湘南上人海光寺》描寫了僧人飲茶吃齋的生活，「茶香禪榻無人到，齋罷經台有鴿飛」。

▶圖14-3 天津「大悲院」寺廟

第三節　元明清時期天津地區的主食與菜餚

俗話說美酒配佳餚，醇美的佳釀要有悅目爽口的菜餚與之相配。明清時期隨著

天津地區商業的發展，餐館業日盛，菜餚製作由家庭烹飪走向社會的餐館製作。

一、考古與飲食文獻反映出的元代主食與菜餚

元代天津地區人們食用的主食菜餚幾乎不見文獻記載。不過從天津地區的農業生產，漕運、海運與鹽業帶來的經濟繁榮和管理機構的發展來看，天津地區的菜餚製作水準不會低。我們可以通過將天津地區的物產、飲食需求和元代飲食著作相結合的方式，探究當時主食菜餚的概況。

元代天津地區的糧食作物有麥、粟、稻、黍、豆、粱、栗等。西青區出土了播種麥、粟的耬車鏵與石墩子，寧河縣也開始試種水稻。元代王楨的《農書》記載了上述這些作物的食用方法。「百穀屬」中講到，大豆有白、黑、黃三種。黑豆用作餵養家畜的飼料，只有災荒之年用來充飢；黃豆做成豆腐、豆醬；白豆拌在粥飯裡吃；北方綠豆種植廣，做成豆粥豆飯、綠豆糕、綠豆粉等。大麥小麥北方種植很廣，大麥可以煮粥燒飯，小麥磨成麵粉做成餅餌，廚師還可以製作出珍美的麵點。小麥作為食糧，消費量很大。在「利用門」中講到磨、水磨、連磨、碾、水碾、水輪三事（可以兼作脫穀殼的礱、碾米的碾、磨麵的磨）、水擊麵羅（跟著水磨篩麵，在水力衝擊下，羅來回撞擊椿柱，快速篩麵）等可以規模生產米和麵的工具。元代米麥加工工具的發展提高了生產效率，促進了米麵食品的發展。

飲食物產反映了飲食的內容，飲食器具表明了飲食水平。近幾年在天津的薊縣、靜海、寶坻、寧河、大港區和西青區等地先後發現了元代遺址。類型有村莊聚落、蒙古駐軍、駐軍屯田、商業碼頭等，其中發掘出的生活用品中有陶製罐、碗、盤，也有耀州窯、磁州窯、鈞窯等名窯生產的碗、盤、碟等精美瓷器。

元代無名氏編纂的《居家必用事類全集》是一部介紹元代飲食文化的信息豐富的類書，涵蓋了對社會各個階層的居家生活指導。根據元代天津物產與飲食器具的狀況，結合《居家必用事類全集》記載，可以瞭解到元代天津地區人們的日常主食

及菜餚狀況。麵食有白熟餅、肉油餅；回民的卷煎餅、燒餅、蒸餅；水滑麵、經帶麵；平坐大饅頭（包括無餡的和有餡的兩種）、魚肉包、鳬（野鴨）兜子、蟹黃兜子、角兒；柿糕、栗糕等。

儘管元代的天津地區已是「兵民雜居久，一半解吳歌」，但也還是以北方居民為主。如果依據《居家必用事類全集》、王楨的《農書》和賈銘的《飲食須知》等書的記載來考察對照當時的天津地區，那時存在的副食與菜餚可能會有如下種類。醬：黃豆醬、榆仁醬、魚醬、蝦醬食香茄兒、食香蘿葡（蘿蔔）；醬醃菜：醃韭花、醬瓜茄；蔬菜餚：冬瓜、瓠、蘿蔔、蒜苗、豆芽、豆腐等；肉類：羊紅肝、羊牛肉脯、鍋燒肉、碗蒸羊、水晶膾、盤兔、炒肉羹、糕糜等；水產類：魚羹、河豚、蝦、釀燒魚、紅魚、醬醋蟹等。

這些食物的原料麥麵、黃豆、綠豆、蘿蔔、蒜、栗子、柿子、野鴨、螃蟹、魚等在元代的天津地區都是常見的。元代時天津就有回民居住、蒙古駐軍，他們喜食羊肉等菜餚。製作這些菜點所用器具鐵鍋、火坑等在村落遺址中也有發現。當然，對於廣大的腳力、商販、農戶、兵丁、製鹽灶戶等普通民眾而言，他們的主食無非是以粟、黍、粱、稻為原料的米粥飯、豆粥飯和麵粉做成的餅餌。從發掘的精美飲食器具來看，管理製鹽與糧運的官員、鎮守的將官和少數富商等階層的食物製作相對精良甚至珍美。

二、方志、小說中的明代主食與菜餚

明代天津地區的物產在元代的基礎上有所變化。徐光啟在天津地區進行農墾實驗期間引種了南方的水稻、甘藷以及西方的白葡萄。甘藷原產美洲，明代萬曆年間由廣東人從西屬菲律賓引種國內。萬曆四十年（西元1612年）徐光啟在天津地區置田墾耕。在天津地區期間，徐光啟撰寫了《北耕錄》《宜墾令》和《農遺雜疏》等著作。

萬曆年間，寶坻縣令袁黃在任期間大力提倡農業種植，編寫了《勸農說》分發

勸農。一九九五年天津社會科學院出版社出版的《寶坻縣志》附錄部分收錄了《勸農說》。通過該書可以瞭解明代天津地區的飲食物產情況。當時的糧食作物有：稷（北方稱作穀）、黍、粟、豆類、秋麥（大麥、小麥）、稻（水稻、旱稻）、麻、蜀（高粱）、稗。水果：杏、棗、桃。牲畜：牛、馬、豬、羊、鹿等。另外寶坻銀魚成為地方特產，明武宗派人來天津地區督辦海鮮水產，進貢京師，寶坻的銀魚就屬於貢品。知縣胡與之深感上貢銀魚為漁民帶來的危害，遂上奏《銀魚說》請求罷貢。

明代的武清，春季以麥為主，夏季以黍為主，秋季以稻為主。一九九一年天津社會科學院出版社出版的《武清縣志》附錄部分收錄了三則明代的災荒資料，反映了明代天津武清的主要農作物為麥、黍和稻。

上述天津明代文獻中的飲食物產表明，明代天津地區人們的主食是以麥、稻、黍、粟、粱等製作的麵食和飯食。

同元代一樣，有關明代的具體菜餚及其製法鮮有文獻記載。一些詩文只是反映出天津地區有了酒肆飯堂。明代的米、鹽、醋、糖、魚蝦禽肉、麵粉等飲食原料已成為在市場上流通的商品。南北之間的飲食原料在這個漕運城市流通。

天津地區的最初居民是衛城的官軍及其家眷，他們來自今天的安徽、江蘇、山東、河南、兩湖、兩廣和雲貴等十七個省區，其中安徽與江蘇籍占絕大比例。所以，江淮蘇中的飲食製作在天津地區產生了一定的影響。

明嘉靖年間，曾任山東按察司副使的天津人汪來在《整飭副使毛公德政去思舊碑》中道「坐與巨寇通，甚至大酒肥肉邀巨寇於上座。」肥肉，指的是肉類菜餚豐盛。汪來在對明代天津地區官匪勾結，魚肉百姓描述鞭笞的同時也道出了天津地區官場飲食的場景。

明代描寫飲食的小說以《金瓶梅》著稱，其中的飲食描寫與天津地區的飲食概況較為接近。小說描述的是明代運河城市官商的奢華飲食，其間也包括豐富的民間飲食。小說反映的是明代安徽與山東、河北運河沿岸的飲食，而天津地區同是運河商業城市，其居民也大多來自三地。因此，從《金瓶梅》的飲食描寫中可以瞭解明代天津地區的飲食概況。

《金瓶梅》中宋惠蓮的「一柴禾燒豬頭」就是豬肉菜餚中的上品，應屬於上文所提「大酒肥肉」之類的菜餚。豬頭肉屬於民間的普通菜餚，宋惠蓮的做法是江蘇、山東一帶烹製豬頭肉的方法，江蘇、山東籍的天津地區人也應該通曉此做法。又如，天津地區的螃蟹在唐代就是貢品，魚蝦蟹是古代天津地區居民的家常菜餚。小說中就有「醃螃蟹」的描寫。書裡提及的回族小吃「艾窩窩」在明萬曆年間已流行民間。自元代始天津地區就有回族居民，明代回民遍及大江南北，天津地區八大姓之一的穆家自稱是明初到天津地區的。因此回族食品「艾窩窩」在天津地區流行也是很正常的。明代山東、河北運河一帶流行「黃米棗兒合製糕」。明代天津地區也盛產棗和黃米，至今天津地區明代的棗林還在開花結果。無論是臨近影響、移民帶入還是物產製作，「黃米棗兒合製糕」都會在天津地區出現。

當然這只是食祿階層與富商的飲食生活，廣大百姓依然過著「夕陽野飯烹魚釜」的飲食生活。

三、物產豐饒、檔次分明的清代菜點

清代的天津地區在明代的基礎上繼續發展。清順治九年（西元1652年）將天津三衛合併為天津衛。雍正三年（西元1725年）改天津衛為天津州，隸屬於河間府，後又改為直隸州。雍正九年（西元1731年）升格為天津府。在元代至清代開埠之前的五百多年間，天津由一個直沽邊上的小鎮發展成繁華的北方城市，被稱為「薊北繁華第一鎮」。

❶ · 種類豐富的五穀蔬果與水產畜禽

流傳至今的清代詩文和方志中包含了豐富的飲食內容。清代中前期，天津地區的飲食原料種類已經與今天類似。康熙《靜海縣志》與乾隆《寶坻縣志》中的物產部分從穀屬、菜屬、瓜屬、果屬、羽屬、毛屬和鱗介屬等方面記載了康乾時期天津地區的飲食物產。

穀類作物：粟、稻（黃白米）、黍、稷、稗、蜀秫、麥（大麥、小麥、秋麥、蕎麥）、芝麻、麻（大麻子、小麻子）、豆（黃豆、黑豆、白豆、蠶豆、豇豆、綠豆、赤豆、茶豆、青豆、豌豆）等。

蔬菜：白菜（黃芽菜）、芥、芹、芫荽（香菜）、甜菜、赤根（菠菜）、浦筍、蓮藕、扁豆（豆角）、羊角豆、東瓜（冬瓜）、南瓜、北瓜、菜瓜、王瓜（黃瓜）、絲瓜、金針（黃花菜）、白花韭、蔥、蒜、玉環（甘露子）、山藥、蔓菁、萵苣、茄子、葫蘆、瓠、茴香、雞頭（芡實）、蘿蔔（水蘿蔔、胡蘿蔔）、莧菜、茖達菜、茼蒿、榆錢等。

藥食兩用：杏仁、馬齒莧、芡實、茅根、槐花、蘆根、薄荷、馬蘭花、荇等。

瓜果：西瓜、甜瓜、核桃、李、栗、梨、棗、杏、菱芰、蓮子、葡萄、桑葚、蘋果（苹果）、花紅（海棠）、石榴、無花果、柿子等。

飛禽：雞、雉（野雞）、鵝、鴨、鶉、鐵腳（鐵雀）、鴿子等。

走獸：豬、羊、牛、驢、馬、騾、獾、獐、狗、黃鼠等。

水產：銀魚、鯽魚、鯉魚、淮魚、鯰魚、羊魚（黃鰭馬面魨）、鮫魚、刀魚、泥鰍、魴魚、黃魚、季魚、鰱魚、柳葉魚、鱔魚、河豚、蝦（紅蝦、海蝦、對蝦）、腳魚（甲魚）、蠃蛤、蚌、紫蟹、螺螄等。

蟲類：蜂蜜、蟬等。

豐富的飲食物產為天津地區飲食文化向更高層次的發展提供了物質基礎。

天津地區寶坻人李光庭在晚年著述《鄉言解頤》中記載了當時天津地區的一些飲食。《鄉言解頤》分天部、地部、人部和物部，在人部和物部中介紹了家鄉寶坻的飲食狀況。其中講到蔬果種植諺語。「春日農諺云：雅麥種畝半，熟了好吃碾碾轉。豌豆種幾溝，小滿開花芒種收。要好漢，吃餅麵，種了大蔥種老蒜。早養兒，早成家，多種韭菜拔絲瓜。秋日諺云：頭伏蘿蔔末伏菜，尖頭蔓菁大頭芥。菜三菜三，三日露尖。水菜水菜，一凍便壞。」「桃三杏四梨五年，棗子當年便還錢。」這裡談到了作物收、種的農時，田間管理、農作物可做的食品……，像是一部小百科。

❷ · 從鄉間家宴到高檔飯莊

康雍乾時期，天津縣城鄉間的士紳之家就有了私家廚房，廚師技術高超，其中還有一些手法令人稱奇的女廚師。李光庭的《鄉言解頤》就記載了鄉紳之家的兩位擅長做肉食的女廚。女廚師梁五婦善於烤肉。不用叉子，鍋中安放鐵匣子，把硬肋骨肉放在鐵匣上，先用微火把脂肪融化，滲入皮下肉內，再行烤製，成品以酥嫩為上品，脆嫩次之。另一女廚師高立婦長於煨肉。把五斤硬短肋肉切成十塊，放在鍋中，加酒料醬湯，用陶盆扣住，先用大火後用微火，一炷香的時間就煨成，肉不僅熟爛而且色香味俱佳。

《鄉言解頤》也記載了當地身懷做菜絕技的廚師和擅長製作宴席的廚師。一位名叫孫科的廚師製作的「蟹餡魚腐」，「作魚腐以紫蟹黃為餡，鮮嫩異常。」色清味美的湯和佐酒鹽豆等堪稱鄉里絕技，其中「蟹餡魚腐」專供鹽官品用。孫科的父親孫功臣能製作「全羊席」；王姓廚師父子擅長「四大八小」席面。書中，李光庭對他的家廚謝奎製作的烤肉和烤雞也給予了高度評價。

《鄉言解頤》還記述了一些百姓人家的日常菜餚麵點，如烤麥啄鳥、僅現半月的鱄魚、油炸螞蚱（炸蝗蟲）、海帶、鍋焦（鍋巴）、荏頭、蝌蚪子（漏麵）、（mó，饃饃）、甜冰等。可見當時天津地區鄉間百姓人家的飲食也十分豐富。

從《鄉言解頤》的幾則記載中可知，康雍乾時期天津地區的民間菜餚已形成了有標準的酒席。鄉紳官宦之家已有專用廚師為其製作美食佳餚。百姓餐桌也十分豐富。這裡多是作者李光庭對家鄉寶坻地區的記載，若是同天津城相比，天津又是高出一籌了！

清代初期，天津地區出現了靠經營鹽業和糧米起家的富商。他們的飲食需要催生了高檔飯莊。康熙元年的「聚慶成」飯莊是天津地區的第一家高檔飯莊，隨後在商賈雲集的侯家後一帶先後產生了聚和成、明利成、聚德成、聚合成、義和成、聚興成、聚東成，這些飯店字號與聚慶成被合稱為「八大成」。以聚慶成為主的高檔飯莊專為富商豪門提供宴席，有高檔的滿漢全席（又稱燒烤席，108件）、燕窩魚翅「八八席」（48件），中檔的鴨翅「六六席」（36件）；低檔的海參雞席（16件）等。

民間宴席「八大碗」和「四大扒」是中檔飯館所經營的宴席。一些小的飯堂酒肆和攤點以經營簡單加工的小吃為主。

始自元代的天津地區清真飲食也由家庭走向社會。清代初期，天津地區就有了清真麵食餡貨鋪，包括包子鋪和餃子館。除了經營包子、餃子之外還經營大眾化的炒肚、爆三樣、炒蝦仁、篤麵筋等。

官宦富商除了在高檔飯莊宴飲外，在自己的莊園裡也是過著極為奢華的宴飲生活。其中以浙江籍富商查家的水西莊最為典型，莊園內雲集了全國各地的美酒佳餚。乾隆皇帝駐蹕水西莊時，朝廷官吏及皇親國戚隨「安福艫」而來者數百人。「安福艫」是乾隆皇帝沿運河下江南時乘坐的龍舟。接駕宴席中僅茶點就多達128道，乾隆與皇家隨從還遍嘗了天津地區的飲食名產，如河豚、海蟹、蜆鱧、鹿脯、黃芽春菜、鐵雀、銀魚、青鯽、白蝦及藤蘿餅、三水香乾、鹵煮野鴨等。

元明兩代至清開埠之前，天津地區飲食在城市發展需求的刺激下由簡單到複雜，由家庭烹飪到社會餐飲，由階層差異到檔次分明。其間所蘊含的文化內涵和衍生的文化現象也愈加豐富廣泛。

第四節　五方雜處，商賈薈萃

元代為滿足都城糧食的需要，開闢了海運。河運與海運都經過天津地區，兩條糧食運輸通道為天津地區的商業開闢了南北通道。明代設置的護衛皇家糧倉的衛所發展成了商業都市。漕運、鹽業、商業和軍隊的駐紮，使來自山南海北不同民族的人匯聚到了天津地區，使這裡成為名副其實的五方雜處之地。交流不僅帶來了商業城市的繁華，而且推動著飲食文化走向繁榮。

一、「兵民雜居久，一半解吳歌」

元滅掉了宋金，實現了全國統一，疆域廣大。元代的漕運、屯田、製鹽等改變著天津地區的社會風貌，直沽由村寨發展成商貿集鎮「海津鎮」。

北方長期的戰亂讓元統治者不得不從南方調運糧食以滿足都城的需要，為了擴大糧源開闢了海運。直沽是糧運的中轉基地，也是南方運糧人員的休息之地。元代中書省左丞相王懋德在《直沽》中描繪了當時糧船集聚直沽口的景象，「東吳轉海輸粳稻，一夕潮來集萬船」。元代詩人傅若金《直沽口》「南人倚船坐，閒愛草纖纖」，道出了來自南方的船工們休息時愜意的神態。漕運帶動了商業，直沽百業開始發展。漕運也把南方的貨物販賣到直沽，元代學者張翥在《讚瀛海喜其絕句清遠因口號數詩示九成皆寔意也》中寫道：「一日糧船到直沽，吳罌越布滿街衢。」

「罌」，古代的一種大腹小口的瓦器，用來盛放茶葉、酒和水。衢，四通八達的街道。這句是說「罌」這種南方瓦器，在直沽已是滿街銷售，隨地可買。可見南北交流程度之高。罌主要用作盛水，而在直沽應是用來盛酒。曾任《民風》主編的周驥良先生認為直沽燒酒的產生及用「罌」盛酒，都與漕運有關。南方漕工們平安到達直沽後要祭拜海神，用酒祭祀；幾個人一起打牙祭時也飲酒。所以酒館飯肆會用罌盛酒，也符合南方漕工的飲食習慣。而茶葉作為南方的商品主要供直沽的官吏富家享用。從「罌」在南方盛茶，到在北方盛酒，完成了一種文化的交融，是直沽南北交流的特有景緻。

元代商人同高麗（朝鮮半島）的海上貿易也經由直沽，大都和高麗的商人經由大沽往返貿易。來往頻繁的高麗商人也把高麗物產帶到了直沽。元初，直沽一帶盡則露鹵之地，最初只允許當地的高、謝等十八戶人家設灶煮鹽。煮鹽吸引了大批人來此定居，商販也接踵而來。元代王鶚在《三汊沽創立鹽場碑記》中道：「招徠者日益眾，商販憧憧而來」。這裡還有長久居住於此屯田的士兵。他們與本地居民長期居住，語言障礙也消除了。

長期的交流使得直沽居民多半聽得懂吳地方言而沒有語言障礙。傅若金《直沽

口》寫道：「轉粟春秋入，行舟日夜過。兵民雜居久，一半解吳歌。」

二、五方雜處的明代天津衛

明代在築城設衛之前，隨同朱棣「燕王掃北」的人就在北京附近居住下來，其中一些來到天津地區定居。天津地區「八大家」之一的穆家自稱是明代初年從浙江遷居天津地區的。明代洪武、建文年間，浙江錢塘（今杭州）人穆重和跟隨燕王朱棣北狩燕京，落戶直沽小孫莊，後改稱穆家莊。

明永樂二年（西元1404年）天津地區設衛，調有官籍和軍籍的官兵充實衛所。官軍可以攜帶家眷，目的是讓他們世代在此居住戍守。羅澍偉的《近代天津地區城市史》分析了《天津地區衛志》所載官籍人員的籍貫，有籍可查的295人，他們分別來自17個省區，其中以安徽籍人為最多，其次是江蘇、山東、河南、河北和浙江。《天津地區衛志·職官》載：「黃回，鳳陽留守，明永樂二年（西元1404年）任襲左衛指揮」，黃回也就是姓黃的回民。這些來自東西南北各地和不同民族的官軍及其家眷成為天津地區早期的城市居民。

除了官方強制移民外，漕運、鹽業和城市商業吸引了越來越多的自發移民。清代開埠之前，天津地區經歷了三衛合併、衛城改州、而後又升格為府的城市發展過程。這種變化是在商業經濟不斷繁榮的背景下，城市化發展的必然趨勢。

三、漕運促進了南北物產的交流

明代，漕運的規模超過了元代。為了撫卹勤苦船工，官府允許江南船工攜帶土產。「許令附載土宜，免徵稅鈔。孝宗時限十石，神宗時至六十石。」[1]船工可以附

1　張廷玉等：《明史》，中華書局，1974年，第1921頁。

載一定數量的家鄉土特產沿途兜售，獲利自取。漕運沿途難以停頓，中轉基地的天津地區便成為土宜的集散地。明代弘曆年間尚書侶鐘題准：「運船附帶土宜不許過十石。」到了明代末期崇禎年間增加到六十石，一些漕工在利益驅使下冒險加倍攜帶。清代雍正年間，漕運附載土宜的准許數量由明末的六十石翻了一翻，達到一百二十六石，道光七年（西元1827年）又增加到一百八十石。嘉慶十六年（西元1811年）允許一艘漕糧船附帶一艘裝載三百石的土宜船。因此，清代漕運的南方船工在天津地區的私貨販賣和交易更加盛行。康熙年間統轄臺灣後取消了海禁，制訂了撫商、恤商政策，從海路而來的閩粵商人與江南的漕運商人在此集聚。

一部分從土宜中不斷獲利的漕工轉變為天津地區的商人。天津地區造船運兵的一部分軍匠憑著技藝轉化為匠人。明代，天津地區鹽業規模擴大，需要更多的人從事煮鹽和運輸。另外天津地區的漕幫也有組織地吸引各地船戶加入。

南方貨物在這裡向北方集散，北方貨物由此運往南方，出現了「繁華熱鬧勝兩江，河路碼頭買賣廣」的繁榮景象。其中與飲食相關的物產占大宗，北方貨物有煤炭、花椒、核桃、杏仁、板栗、棗子、穀、豆、麥、食鹽等；南方貨物有蔗糖、松糖、魚翅、橘餅、胡椒、瓷器、洋碗、鐵鍋、菸草、茶葉、薑、水果、紹酒等。這些與飲食相關的南北物產在天津地區大量集散，為天津地區飲食文化的繁榮提供了

◀圖14-4　天津武清楊村清真大寺一角

充足的物質條件。天津地區的人們用南方的蔗糖、松糖等為原料製作成「細糖」「大糖」和「皮糖」等地方著名風味食物。明清時期天津高檔飯莊以南方的魚翅、燕窩、江珧柱、竹筍、竹蓀、梅子、荔枝、桂花等為原料,經營「一品官燕」「黃扒魚翅」「珧柱絲」「茉莉竹蓀」「汆荔枝」「桂花骨頭」「繡球雕梅」等高檔菜餚。北門外和東門外有外國貨物集散地,時稱「洋貨街」,城內和城區有鳥市、肉市、魚市、菜市、牛行等專門市場。

四、漕運帶來糧、鹽貿易的鼎盛發展

明代,天津地區從事糧食和鹽業的商業移民是移民主體。天津地區是漕運基地也是糧食貿易基地,糧食交易吸引了來自各地的商人,他們在天津地區定居致富。《天津衛志‧跋》:「天下糧艘、商舶魚貫而進,殆無虛日。」鹽業的發展也形成了一批販鹽致富的商人。一些官商勾結商販明目張膽地販賣私鹽。清代李衛等編撰的《畿輔通志》載:「多用小船與經過之馬快官糧等船……北行夾帶抵通,南歸販賣至臨清,皆權貴勢力者窩頓興販,巡鹽官兵束手逃避。」大規模販賣私鹽形成的規模是「江南北軍民因造遮洋大船,列械販鹽」。

商業經營中形成了一批以「八大家」為代表的富商,八大家中鹽商有高、楊、黃、張四家,糧商有石、劉、穆三家。清代天津地區的鹽業和糧食貿易在富商的壟斷下已呈規模化發展。乾嘉年間詩人崔旭在《津門》(三首)其二中詩云:「畿南重鎮此稱雄,都會居然大國風。百貨戀遷通薊北,萬家糧食仰關東。市聲若沸蝦魚賤,人影如雲巷陌通,記得銷金鍋子裡,盛衰事勢古今同。」[1]「萬家糧食仰關東」指的就是天津地區糧商往來關東販賣糧食。清嘉慶、道光年間,天津地區有東集、西集、北集、丁字沽集和宜興埠集五大糧食市場。

伴隨著商業的興盛,外地商人和商販紛紛湧入天津地區。據清道光二十六

1　繆志明編註:《天津風物詩選》,天津文史研究館,**1985**年,第**155**頁。

年（西元1846年）的《津門保甲圖說》記載：在天津地區縣屬的84566戶居民中有31929戶商戶，占總戶數的37.8%；天津地區城內的商戶占總戶數的52.9%。在這些商業移民中也包括一些少數民族，目前所知以回族居多。乾隆年間武清縣的回族修建了清真寺，形成了聚居區。嘉慶年間山東回民韓氏兄弟發家後定居薊縣，道光年間形成回民居住區。來自各地的回民商人在天津地區城內與城區周邊從事商貿經營。移民人口的增長、糧食、鹽業貿易的發展刺激了天津地區的百業發展，天津地區成為「商賈之所萃集，五方之民所雜處」的商業城市。明萬曆年間在全國的十大稅目中，天津地區店租居首，由此可見天津地區商業的繁榮程度。

元明至清代中前期，隨著天津地區漕運、鹽業和商貿的發展，人口急邊增長。由最初官府強制的軍隊移民發展到後來的自發商販移民，移民又促進了天津地區漕運、鹽業和商貿的發展，二者互相促進，形成了五方雜居、多民族共處的北方商業繁華第一城。

第五節　因漕運而興的碼頭城市文化

從金元時期三岔口的直沽寨、海津鎮到明清時期的侯家後、天津城，天津地區的繁華之地始終在漕運的中轉碼頭。在長達五個多世紀的歷史時期裡，五方雜居的天津地區形成了碼頭文化。移民帶來的不僅是物產與商貿，還有區域文化和民族文化，移民文化與本土文化在元明清三代的社會歷史環境下融匯成富有天津地區特色的碼頭文化。

天津地區商業的發展形成了漕幫、商幫、行會等民間團體組織，每個團體組織都有著自己的信仰和祭拜方式。這種帶有不同文化色彩的幫會信仰，共同構成了祈求平安富貴的信仰世界。

一、因海運而起的「天妃」信仰

元代開闢了海運，運糧的船工和大都的統治者都希望安全順利地抵達直沽中轉碼頭。當人無法與自然力量抗衡時就會藉助信仰對象超人的神力來庇護自己。船工和統治者都無法控制海運過程中危難的發生，在這種現實與心理願望的差距下祈求庇護的心理訴求就產生了，源自宋代福建湄洲島的海神「媽祖」就成為出海者供奉祈求的對象。元延祐年間（西元1314-1320年）在漕運集中的大直沽修建了天妃廟（媽祖廟），不久毀於大火。過後又在三岔口以下的海河西岸修建了一座天妃廟。元泰定三年（西元1326年）重修了大直沽天妃廟。這兩座天妃廟是北方沿海地區修建最早、規模最大的海神廟。

出於海運安全而修建的天妃廟對天津地區文化產生了重要影響。自建廟之初始，祭拜活動一直延續至今。崔旭《津門百詠》曾詠道：「飛翻海上著朱衣，天后加封古所稀。六百年來垂廟饗，海津元代祀天妃。」詩中的「饗」，原指用美酒佳餚祭祀，後來演化為祭祀後的飲食，發展為用酒食待客。元代學者張翥用詩句傳神地刻畫了宮廷使臣祭祀天后宮時的神態與心理。《代祀天妃廟次直沽作》：「曉日三汊口，連檣集萬艘。普天均雨露，大海靜波濤。入廟靈風肅，焚香瑞氣高。使臣三奠畢，喜色滿宮袍。」

◀圖14-5 天津天后宮舊影
（天津民俗博物館提供）

自元至清的六百年裡，人們一直用精美酒食來祭奉海神天妃。隨著海上貿易與航海的發展，海神媽祖的地位不斷提升。康熙二十三年（西元1684年），被詔封為「護國庇民妙靈昭應仁慈天后」，天津地區的天妃廟也改稱天后宮。明清時期，糧商的興起更加強化了天后信仰，她的庇護範圍也由航海擴大到送子等民間眾多的信仰領域。以致於祭祀規模越來越大，演化成天津地區重大的民俗文化活動「皇會」。

期間也產生了與祭神相關的飲食文化。清康熙五十九年（西元1720）將祭祀天后「列入祀典，春秋致祭」。此春秋二祭，有嚴格的制度。《天津府志》載，祭祀要設禮器，祭品有帛一匹、羊一隻、豬一頭、籩八個、豆一個。祭祀時要奏樂，上香，誦讀祭文，行三跪九叩之禮，然後進行三獻禮。全城的文武官員衣冠整潔地來到廟裡參加祭典，天后宮南北兩廊的朝房專備迎官接詔和官員來廟祭祀時休息。天子祭祀用太牢（牛、羊、豬），天津府縣官員祭祀天后只能用少牢（羊和豬）。祭祀中，供奉最豐盛美味的食物讓神靈享用，博得天后的歡悅，希望藉此獲得他們的福佑至少不降禍於人們。天后宮祭祀中的豬和羊已不是普通的肉食，而是媚神的「犧牲」。

二、鹽業興盛下的「鹽姥」信仰

如果說海神信仰是舶來的話，那麼「鹽姥」崇拜則是本土產生的。寧河蘆台鹽姥廟是天津地區最早的一批廟宇，修建時間僅晚於薊縣唐代寺院。不過鹽姥崇拜應該早在建廟之前就存在。鹽姥廟碑記載：「昔五代時，南北各據，限以疆界，幽燕之地，鹽絕者歲余，百姓病之。忽有姥語人曰，此地可煮土成鹽，遂教以煮之之法。不數日俄失，所在居人神之，聖母之號，實自此始。」明萬曆碑載：「聖母始五代時，教民煮法，俄而化去，邦人神之，祠所由肇迄。」

元明清時期鹽業發展不僅吸引了大批的灶戶，增加了政府的鹽引稅收，而且造就了一批富商。鹽姥信仰超越了階級，把天津地區的鹽工灶戶、鹽商和鹽官統一起來，三者由鹽而生成了共同的敬畏對象。同海神媽祖信仰一樣，灶戶、鹽商和鹽官

三股力量使得鹽姥信仰更加興盛。樊彬《津門小令》中收錄的《瑞鹽歌》唱到：「津門好，禮典紀輝煌，萬灶牢盆傳聖姥，百年俎豆報賢王，風日祭河旁。」每年農曆年初，鹽工們都要到廟中祭祖。這種信仰活動一直持續到二十世紀四〇年代末期。著名民俗學家高丙中指出「中國的行業祖師信仰，恰恰把世俗的東西轉化成神聖的東西」，「鹽姥信仰」就是把世俗的製鹽轉化為神聖的活動。灶戶藉此獲取職業的神聖感和安全庇護；鹽商祭拜鹽姥是為了財運亨通；而官府祭祀鹽姥則是為了緩和階級矛盾，讓鹽業順利發展。鹽姥信仰主觀上是心理慰藉，在客觀上促進了天津地區鹽業的發展。

明清時期，鹽商的水運販賣銷售又衍生出保佑運鹽順利的「平浪侯」「海神天后」、掌管風調雨順的龍王和維護行業團結的關公。

三、禮佛修道的宗教信仰

元明至清中前期，佛教和道教在天津地區也逐漸興盛。早在南北朝時期天津地區就有佛教寺院和道教宮觀。天津市區的大悲院、海光寺等都是在明末清初建造的。道教宮觀有明代宣德二年（西元1427年）修建的玉皇閣，康熙初年的崇喜觀和呂祖堂，康熙年間重修的玉尊閣等。佛教與道教的興起並非基於人們出世的需要，而是佛、菩薩與道教諸神都被賦予了佑護的神力。與海神、鹽姥等行業信仰一樣，人們期望通過禮佛拜道獲取平安富貴。

參禪空性的佛教主張「法正食」；而「尊道貴德」「抱樸守真」的道教主張以食養生。佛道兩教的興盛讓天津地區飲食文化融入了佛禪素食和道教養生因素。漢傳佛教信奉大乘，主張斷肉食，禁五辛，《楞嚴》《楞伽》等經文都主張「戒殺放生，素食清淨」。佛教僧人的素食源於南北朝時期的梁武帝蕭衍（西元464-549年），篤信佛教的梁武帝曾下《斷酒肉文》詔，讓漢族僧眾逐漸形成了素食習俗。佛教寺院裡的香積廚採用植物性原料製作出花樣眾多的素食菜餚。技藝高超的廚師以素托葷，能操辦高級素食席。素食不僅僅限於寺院僧眾食用，而且居士、香客等社會民

◀圖14-6 天津道教建築「呂祖堂」，清康熙初年修建（姜新提供）

眾也有素食需求。茹素放生的素食寓佛教思想於飲食中，教人向善，善待生靈萬物，澄淨心靈。

道教飲食養生思想強調飲食順從生命本然，強調「天人合一」。把飲食與健康長壽聯繫起來，促進了「醫食相通」飲食思想的發展。道教飲食主張節量而食、熟食優於生食和素食勝於葷食等，在增進人體健康的同時也促進了人與自然的和諧關係。

四、富商推動下的文教之風

明末清初，鹽商和糧商「大家」非常注重文化教育。他們雖富甲一方，因為屬於趨利的末業，社會地位不高。富商們修建園林，結交文人，收藏圖書字畫，努力躋身於文化層。

明清時期，商品經濟比較活躍，不過仍受官僚的束縛。富商大多屬於與官府關係緊密的官商。商戶人家只有讀書考取功名，踏入仕途才能光宗耀祖，提高家族的社會地位，同時也能為自己的商業活動提供親情庇護。所以，他們積極營造條件，讓子女接受良好的教育。一些文人成為富商園林中的常客或寓居園中，其中不乏名

士。文化與商業的結合既提高了商人的文化層次，又提供了促進文化發展的物質條件。隨著天津地區商業的繁榮，這種文化風氣愈加濃厚。到過天津地區的紀曉嵐在《沽河雜詠‧序》中描繪了對天津地區的印象：「天津擅煮海之利，故繁華頗近於淮揚。……文士往來於斯，不過尋園亭之樂，作歌舞之歡，以詩酒為佳興云耳。」[1]

以張霖為代表的張氏鹽商家族湧現出多位工詩文、善書畫的子弟。鹽商富豪查家的水西莊因為乾隆的駐蹕更是名士匯聚。查家開創者查日乾精於史事，查家的女眷亦不乏擁有較深學識者，甚至女僕都能作詩，被稱為「一門風雅，天津他族罕有及之者」。大鹽商金平與張霖和查日乾以風雅相高。清代歌謠唱道：「侯家後裡出大戶，三岔河口攔不住。出進士，出商賈，數數能有五十五。」

富商為提高自己的鄉紳地位積極投入教育等公共事業，出資修繕府學。明代景泰五年設立府學，歷代修繕。嘉慶年間兩次修繕都有士商參與。富商還積極設立書院，如查家興建了「問津書院」。官府與士商共同開辦了一些義學和商學。文化教育的發展逐步改變著天津地區的文化面貌。

元明清時期，天津地區的宗教、行業信仰和商業推動下的「右文風尚」[2]，都可以歸結為繁榮的碼頭城市文化。五方融匯、民族交流促成了繁榮的商業，繁榮的商業孕育了碼頭城市文化的興起。其中飲食文化得到了同步發展。

第六節　展現社會風貌的飲食文化

一、形式不一的城鄉食俗

移民城市飲食文化的特色之一是食俗濃厚，且呈多元化色彩。光緒《天津縣

1　羅澍偉主編：《近代天津城市史》，中國社會科學出版社，1993年，第108頁。
2　「右文風尚」：是指崇尚文教的社會風氣。

志‧風俗》曰：「天津地區近東海，永樂初始辟而居之，雜以閩廣吳楚齊梁之民，風俗不甚純一。」五方雜居的天津地區形成了豐富多彩的飲食風俗。

「五里不同風，十里不同俗」，天津地區城裡與靜海、薊縣、寶坻、寧河等郊縣在飲食風俗上有不同的表現形式。元明清時期，天津地區的歲時飲食風俗既是傳統節日食俗的延續，也有城市發展影響下的變革。

立春，天津縣吃蘿蔔、擺宴、吃春餅，俗稱「咬春」，而靜海只吃春餅。咬春的飲食風俗由來已久，唐宋時期就有「吃春盤」的習俗。唐代的《四時寶鏡》記載：「立春，食蘆、春餅、生菜，號「菜盤」。」蘇東坡《送范德孺》詩云：「漸覺東風料峭寒，青蒿黃韭試春盤。」[1]「咬春」的習俗源於古代的「春祭」，每年立春日宮廷官府舉行春祭，在祈求豐收的同時勸導天下黎民開始春耕，反映出恪守農時的農耕文化，以及對農事的敬畏之心。農戶人家也以自己的方式進行，演化為「咬春」。吃蘿蔔等辛辣之物蘊含有一年之中吃苦做事的心理。初春寒冷之日，吃辛辣物客觀上也有助於驅寒防病。天津縣與靜海的咬春風俗差異所在是設宴吃春餅。這也是城鄉貧富差異在飲食風俗上的表現。城市商業繁榮，明清時期又在富商官宦奢靡風氣

▶圖14-7　《初二祭財神》，清光緒楊柳青年畫（天津博物館提供）

1　王文誥輯錄：《蘇軾詩集》，中華書局，1982年，第2537頁。

的影響下，好臉面的貧困家庭也跟風而進，形成「爭奢好華」的民風。也是出於移民從商講求門面，為了在魚龍混雜的異鄉謀得立足，必須設法不被別人輕視，所以立春之日家家設宴，而靜海人則以農耕為主，民風尚質樸。

天津城裡人在元旦之日（大年初一）全家吃餃子，取「更新交子」之義，請春酒。天津地區的其他地方沒有「請春酒」的習俗。寧河縣元旦之日合家吃扁食，初一至初五，關係好的人家吃「眾家飯」，表示不忘舊年情義。

「請春酒」是城裡的商戶人家在新年期間加強聯繫的一種方式，以宴飲的形式建立聯繫加強合作。而「吃眾家飯」則是農戶人家加強聯繫的形式，農耕生產需要鄰里之間互相幫助，貧寒之家生活困難重重，也需要互相接濟。這兩種不同的節日食俗是城鄉商業與農耕漁鹽兩種不同的生產方式造成的。

農曆「二月二龍抬頭」，天津城裡人用灰末象徵青龍，引「青龍」至門外通水出，再用穀糠末象徵黃龍，把「黃龍」引到家，稱「引錢龍」。並要吃煎餅、煎糕粉。而武清縣這一天只是用灰撒地，謂之「引龍」。靜海縣這一天只是吃糕，寧河縣用扁食祭祀龍。

天津城引錢龍，武清引龍，寧河祭祀龍三種不同的儀式表現出的是兩種不同的心理願望，前者希冀終年財源不斷，而後者希冀的是一年風調雨順。龍圖騰信仰在工商和農耕兩個階層中因生產方式的不同產生了差異。從飲食上看，天津城比靜海等地內容豐富，製作講究。例如，製作煎餅、煎糕粉的技法——煎，即是奢華民風下的飲食講求。而其他地方延續的是本地傳統節日飲食，質樸民風下的飲食製作是量力而行。

六月初六，薊縣、寧河兩縣家家戶戶炒米麵、造酒、造醬醋，天津城裡則是吃麵。炒米麵的風俗是因為夏季多雨，農家不容易生火做飯，吃炒米麵以應急；家家戶戶自造醬醋和酒的風俗，不僅是因為村戶人家購買酒醋不方便，也因為自家有製作酒醋的餘糧，同時也節約開支。而天津城市商業發達，有專業釀酒造醋醬的商鋪，購買方便，不必家家戶戶自己製作，所以並無自製酒醋之俗，只是在麥收剛過的六月，用新麥磨製的麵粉嘗鮮罷了。

重陽節登高、飲菊花酒、吃重陽糕的風俗只有薊縣有，這是因為其他地方沒有山可登。天津是「九河下梢」之窪地，所以重陽沒有登高的習俗。這是自然環境差異造成的飲食風俗差異。

二、尊老文化影響下的祭祖習俗

天津與其他縣的祭祖風俗大體相同。乾隆四年（西元1739年）刻本《天津縣志》記載：「元旦、清明、七月望日、十月朔日，或奠墓或家祭。」康熙年間的薊縣，元旦、三月三、清明、冬至等日都祭祖。武清是元旦、清明、七月望日、十月朔日和冬至日祭祖。寧河是除夕、元旦、清明、七月望日、十月朔日和先祖忌日等祭祖，清明祭祀完畢，合族在宗祠中一起會食一天。

祭祖時都是供奉美酒鮮果或季節穀物果蔬稱「嘗新」。祖先崇拜是宗法社會裡加強家族凝聚力和族群身分認同的一種儀式，也是尊老文化的體現。尊老也貫穿於天津地區的其他飲食風俗活動中，這是中國倫理文化在天津地區飲食風俗中的影響使然。農耕社會尊老有其必然性，農業耕種和手工藝都需要長年累月的經驗積累，所以，老年人就成為擁有豐富經驗、技術相對較高的群體。在經學教育為主的古代，科學技術與經驗無法通過教育傳承普及，只能是口傳身授。從生產生活經驗與技術傳承的角度講尊老是必然的。古代沒有社會保障制度，老人和孩子都是由家庭承擔。提倡孝道、尊老是讓家庭在道德上承擔起養老的義務，因此尊老就成為社會正常發展的需要。在歷代政權的大力宣揚下，二十四孝的故事在民間廣為流傳，尊老已成為中華民族的傳統美德。

在物質生產水平低下的歷史時期裡，尊老的主要形式是讓老人食飽、衣暖、氣和。在飲食習俗中就形成了好的和新鮮的食物先要讓老人品嚐，讓老人坐在尊貴的位置上，侍奉老人吃好和舒心的風俗。尊老孝道不僅在老人有生之年如此，而且要以事死如生的形式子孫傳承。祭祀祖先就是傳承父輩的尊老孝道義務，這也是中國古代傳宗接代觀念強烈的原因之一。天津地區城裡的移民在異鄉打拚，更加感到祖

先宗族的重要性，十分重視祭祖。祭祀形式在奢華的世風影響下非常隆重。本地居民爭相攀比，不肯示弱。武清、薊縣等地的人們在多個節日裡都要祭祀先祖。無論城裡鄉村，祭祀都少不了飲食。官宦富商是牛羊牲禮、美酒佳餚和鮮果時蔬。普通人家也儘力籌辦力求豐富。通過飲食祭獻禮侍先祖，也表明自家秉承尊老孝道的社會形象。

三、追求奢華與文化氛圍的上層飲食

民間飲食風俗是飲食文化的大眾化反映，滿足的是人們祈求平安吉祥衣食富足的心理。元明至清中前期，天津地區食祿階層和富商們的飲食生活體現的則是另一種官場飲食文化的心理。

❶ · 追求京都官場飲食的元代

韓嘉谷先生斷定，元代天津地區的海津鎮，接近於宋代人煙繁雜、設管理火禁兼收酒稅監官的鎮。元代天津地區管理漕運、鹽業、採珠的官吏和鎮守將官不同於灶戶腳伕，飲食生活已比較講究。

在武清忠義莊遺址出土了元代的「潮州」銘文銅鏡，還有磁州窯、鈞窯、景德鎮窯等各個窯系的罐、碗、盞、杯等瓷器。這些出土的名窯瓷器，就是元代管理漕運官員的飲食器具，其他官員也應該具有同樣的飲食生活水平。以色、形、味、香、器著稱的中國傳統菜餚講求「美食配美器」。換句話說，美器是為配美食而來。名窯出產的精美器具裡，盛放的是與之相稱的美酒佳餚，例如桃花口的河豚、「魚味勝江南」的河海兩鮮等天津地區特產，便成為他們的美味佳餚。

飲食器具的層次表明，他們雖然身在京城之外，卻追求同京城官員一樣的飲食水準，反映出他們通過食禮來體現階層地位的心理狀態。元代的海津鎮城鎮經濟開始活躍，充分的物品交流為元代管理者實現自己的飲食文化追求提供了便利條件。

❷・武官晝飲夜遊，文官把酒詩風的明代

明代天津地區官軍的休閒生活促進了飲食業的發展。明初設衛後，天津地區的官軍主要是保護漕運。長年無戰事滋長了官軍的懈怠作風，他們平日不修武備，賦閒遊賞。衛官祿位世襲制度更加助長了後世的這種風氣。「造酒出於沽釀家，養鷹取於屠龕家。」「設席陳秀帷，列翠屏。夏以湘簟，冬以絨氍毹（qú shū），取於賈家。夜則游宴，列炬之外，隨以燈籠。」[1]這種萎靡的生活方式甚至產生了官匪勾結的腐敗，「坐與巨寇通」，甚至「大酒肥肉邀巨寇於上坐」。武官軍士們的奢靡游宴生活客觀上刺激了飲食行業的發展，「潑刺銀刀重，庖人進鱠盤」。他們的宴飲不僅講求飲食器具，還重視飲食環境氛圍的營造。宴飲時要陳列上華麗的帷帳和碧色屏風，夏天鋪設楚湘產的竹蓆，冬天鋪就絨毯。晚上在火炬、燈籠照耀下享用充滿野趣的游宴。

文職官員的文化審美追求賦予飲食一定的文化內涵。他們在居所修建亭台園池，把酒詩風，追求文人雅士般的飲食生活。明正德年間，任天津地區戶部分司的汪必東修建了天津地區最早的一座官署園林「浣俗亭」。浣，就是洗滌的意思，也就是滌盡俗氣，就以清雅。汪必東留有一首《浣俗亭》詩，再現了閒雅的園林景象：「十畝清池一墝台，病夫親與剪蒿菜。泉通海汲應難涸，樹帶花移亦旋開。小借江南留客坐，遠疑林下伴人來。方亭曲檻雖無補，也稱繁曹浣俗埃。」[2]池塘、花樹、亭台、自種菜蔬，宛如一座江南園林。在園中品著美酒佳餚，享受著文人墨客的清雅生活。以汪必東為代表的文職官員追求的不是世俗奢華的飲食，而是超塵脫俗的清雅境界。

文武官員的飲食如此豐富風雅，得益於明代天津地區商貿的發展。明朝允許漕運船工攜帶土宜（家鄉土特產），准許數量不斷增加。這些私人貨物貿易合法化後，漕運成為各種特產來津的商業通道，極大豐富了天津地區的商品市場。宣德至成化

1　薛柱斗：《新校天津衛志》，成文出版社，1934年，第233頁。
2　薛柱斗：《新校天津衛志》，成文出版社，1934年，第210頁。

年間（西元1426-1487年）這裡設立了五個集市，分布於城中及東、南、西、北四個城門附近。弘治六年（西元1493年）復添五集一市，集市發展到十幾個。李浹（jiā）的詩作《天津》描繪了人聲鼎沸的集市，「食貨喧商市，漁鹽亂釣灘」，商品買賣十分繁忙。五方移民商戶開設店鋪的需要也刺激了房屋租賃的迅速發展，明萬曆年間天津地區店租成為全國十大稅收之首。

四方商品貨物的集散不僅滿足了文職官員的飲食文化追求，在富商的引領下，飲食的商業化氣息日漸濃郁。明代的天津地區出現了酒館，官宦士子、行商坐賈、船工腳伕等在酒館中飲食。飲食的商業化擴大了飲食社會化交往的範圍，由官宦階層推向商貿階層，由區域擴向全國。明代無名氏《直沽棹歌》詩曰：「賺得南人鄉思緩，白魚紫蟹四時肥。」天津地區豐富的物品滿足了南來商旅的飲食需求，緩解了他們的思鄉愁緒。

❸ · 堪比宮廷的清代官商飲食

天津地區在清代由衛城升為州城，不久又升格為天津府。城市行政級別的提升也提高了地方官員的品級。講求等級差別的官吏在飲食起居上也隨之變化。從事糧食、鹽業、海運等行業而聚富的巨商大賈無法在政治上滿足心願，便以奢華的生活來彰顯自己的社會地位。商人們從事受官府統治約束的末業，便想方設法攀附官府以尋求庇護，史實表明以「八大家」為首的清代天津地區富商無不與官府有著密切關係，政治權力與商業經濟的結合形成了官商階層。

官宦與富商的交往日漸頻繁，「聚慶成」等高檔飯莊就是為了滿足官商飲食社會交往的需要而產生的。高檔飯莊的共同特點是，飯莊為庭院式結構，四周廂房為裝飾華麗的雅座，庭院中間有可供唱堂會用的戲台。門前可停車轎，院內有花園，可供顧客在涼亭走廊閒談歇息，幽靜的客廳陳設著紅木家具、各種古玩、名人字畫。飯莊使用的餐具均為各色成套高級瓷器，其上繪有「萬壽無疆」「喜壽福祿」「子孫萬代」「四季常春」等字樣和圖案。還有用象牙、白銀製成的餐具，工藝極為考究。席面有滿漢全席、燕翅席、海參席等南北大菜。即使是本地所產的河海兩鮮、

稻粟豆栗等尋常原料，也製作成了「西施乳」等佳美菜點。天津的高檔飯莊從飲食器具、酒菜製作到飲食環境、飯莊環境無不充滿著華貴氣派和文化氣息。

位居府座的官員具有較高的文化層次，富甲一方的商賈也好風雅，高檔飯莊營造的飲食文化氛圍正好契合了他們在社交中的文化審美追求。為了實現這個價值取向，飯莊的經營管理也有一套自己的經營理念、嚴格的管理制度和文化氛圍營造的思路，形成了飯莊的經營管理文化。在這套規章制度下，飯莊承辦的宴會檔次分明，堂櫃管理細緻規範，廚房操作分工明確。管理崗上有經理、副理，堂、櫃、灶、案的四梁八柱。八大成老師傅們傳唱的幾句順口溜生動地反映了當時廚房的管理狀況：「蒸鍋合碗大鍋台，前墩後墩齊過來。小灶乾淨麻利快，面案押出銀絲來」。把後廚紅案、白案、墩上各司其職分工合作的情景傳神地描繪了出來。

飯莊裡細緻的服務貫穿客人就餐的始終。從客人一進門，飯莊的堂頭兒就會笑臉相迎並領位，先禮讓到茶台小憩，遞過熱毛巾，沏上茶，敬好菸，再上乾鮮果給顧客品嚐。宴席開始後上熱菜前先上四樣甜品，俗稱「開口甜」，吃罷要供茶水讓食客漱口，然後才是正經的大菜。吃完飯要上小饅頭供客人擦嘴用，再遞熱毛巾、牙籤和漱口水。同時再次請賓主到茶台品茶聊天，一併送些檳榔、荳蔻等以清除口中異味。另外，客人吃剩的飯菜按規矩由飯莊派夥計為主家送回，俗稱「送回頭菜」。

除了在高檔飯莊進行交往以外，富商在自家的莊園中也是連年累月地設宴待客。以查家水西莊為代表的富商園林，成為官商交往、商業宴請和招納文人雅士的重要場所。莊園內的飲食文化水平要高於社會上的高檔飯莊。水西莊內有規模龐大的廚房，以研究曲藝著稱的天津草場庵小學校長戴愚庵在其著作《沽水舊聞》中載，「集各省之庖人，以供口腹之慾」，每次「庖丁之待詔者，在二百以上。蓋不知使獻何藝。命造何食也」。製作菜餚以「鮮、嫩、名、貴」為特點。宴席種類名目繁多：花糕宴、菊花宴、紫蟹宴、白蝦宴、河豚宴、銀魚宴、蜆鯉宴、百魚宴、野鴨宴、鐵雀宴等，盡享津沽佳餚美味。乾隆帝四次駐蹕水西莊，在第二次駐蹕期間，了解了乾隆三十五年（西元1770年）的水災，提出了「以工代賑」的救災長

策，並御筆題寫了詩作《芥園閱減水壩作》，詩中寫道：「不惟害禾稼，室廬敗堪懍。異漲已屯城，吾民那安枕」。儘管有此憂民的心志，乾隆帝還是接收了皇家膳食般的飲食貢奉。128道茶點、滿漢全席、盡獻天津地區名產河豚、海蟹、蜆蟶、鹿脯、黃芽春菜、鐵雀、銀魚、青鯽、白蝦及藤羅餅、三水香乾、鹵煮野鴨之類等。在全國各地遍留美食佳景傳說的乾隆皇帝，用膳後也「自嘆弗及」。莊園內名士常往，大學士陳元龍、朱岷、杭世駿、萬光泰、劉文煊、厲鶚等都曾客居於此。

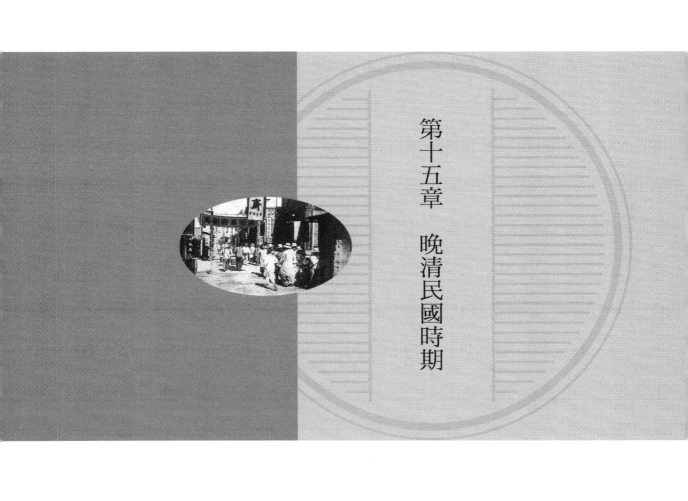

第十五章　晚清民國時期

清代「薊北第一鎮」天津的繁華不僅吸引著國內各地的人們移民來此，甚至遠在西方的英國也在關注這個京畿城市。咸豐十年（西元1860年），英法兩國強迫清政府簽訂了《續增條約》（《北京條約》），天津成為英法與中國的通商口埠。天津開埠後，元明以來的傳統城市被動轉入近代化進程。開埠之後，西方殖民者先後建立租界，華洋分居。西方飲食文化隨著西方人的定居進入天津地區，甲午海戰後日本料理也隨之而來。閩粵、山西、江西、安徽等地的商幫在天津建立會館，商幫把地方飲食風味也帶到了天津地區。在此時期，清真飲食和素食市場也在發展興起。

第一節　名聞四方的飲食物產

清末民國時期，天津地區農業經過長時期的種植技術積累，培育出一系列聞名國內外的地方特產，如小站稻、大白菜、衛青蘿蔔，以及河海兩鮮等。

一、「十里村釀玉粒香」的小站稻

明萬曆年間保定巡撫汪應蛟、清康熙年間天津總兵藍理、清雍正年間統領天津營田局的陳儀等人先後在天津地區葛沽一帶屯田，種植水稻。早在明代，農學家徐光啟即已把南方的優質稻引種天津地區，葛沽的「紅稻香米」在清嘉道年間已成當地名產，天津城需用的稻米往往出自於葛沽。小站稻就是在葛沽紅稻的基礎上培育出的優良稻種。

清光緒元年（西元1875年），直隸總督李鴻章奉命興修京、津水利，屬下周盛傳專任京沽屯田事務。周盛傳提出修水利、改土壤、種稻田的方案。同年率馬步13營由馬廠移駐小站，開始軍屯。周盛傳總結了前人水利工程癥結之所在，認識到「南運河會漳河濁流，本有『石水斗泥』之喻，其肥尤可化鹼而成腴矣」，改進了屯種技術。光緒六年（西元1880年）以小站為中心的墾區基本形成，開墾稻田已達6

萬餘畝，民營稻田達13.6萬畝。「一棹菱歌唱五湖，雞頭米熟剝明珠。請嘗小站營田稻，香味何如較葛沽。」[1]道出了那時的小站營田稻已經可與葛沽香稻相提並論。

光緒二十六年（西元1900年），八國聯軍攻占天津地區，德軍一度占領小站，水稻生產遭受嚴重破壞。民國初年，北洋軍閥張敬堯之女在小站一帶收買土地，成立勳記公司，占地43100畝。一九二五年，北洋軍閥徐樹錚的開源墾殖公司在軍糧城設立工作站，在墾區內設立水稻試驗站，這是著名的軍糧城稻作研究所的前身，也是我國華北地區最早的稻作研究基地。一九三七年，天津地區淪陷後，張敬堯眷屬將稻田出賣給日本人。日本侵略軍先後在小站成立軍穀公司、米穀統制協會，跑馬圈地，強占民田，對津南地區農民進行瘋狂掠奪，並成立了華北墾業公司，統轄小站、軍糧城、茶淀3個稻區。

抗戰勝利後，國民政府在小站成立了營田管理局。由於管理混亂，技術落後，水稻品種混雜退化，至新中國成立前夕，水稻畝產量僅200公斤左右。

品質優良、香甜宜人的小站稻，一直是天津地區標誌性的物產，早在清代，就被定為宮廷貢米。清末，村民們用小站稻蒸飯、煮粥，清代就流行著「一篙御河桃花汛，十里村饢玉粒香」的說法。蒸熟的米飯無論軟硬，都香黏糯口，有嚼勁；熬製的米粥，湯汁濃郁，清香甜爽。小站稻也被用來製作糕點小吃，創始於一九二八年的「芝蘭齋糕乾」就是用小站稻米和糯米磨成粉，夾入多種餡料蒸製而成。糕乾外觀潔白、不粘牙、不掉麵、口感綿軟、風味獨特，成為天津著名的風味小吃。

二、聞名四方的「蔬菜四珍」

這一時期天津地區的蔬菜，在長期種植的基礎上培育出白菜、蘿蔔等優良品種。御河白菜、衛青蘿蔔、衛韭、黃皮蔥頭成為近代天津地區「蔬菜四珍」。

天津地區種植白菜的歷史悠久，早在魏晉南北朝時期，靜海就出產品質優良的

1　雷夢水等編：《中華竹枝詞》，北京古籍出版社，1997年，第476頁。

白菜。民國《靜海縣志》載:「昔周顒（yóng，南朝齊人）稱鄉味之美，春初早韭，秋末晚菘是也，味美而食久，運河沿岸產者最良。」清末民國時期，天津地區的白菜——御河菜成為名產。京杭大運河，流經古鎮楊柳青這一段稱為南運河，也叫「御河」。御河水性甘甜細柔，適於灌溉蔬菜，用御河水澆灌生長的天津白菜俗稱「御河菜」。清朝張燾編撰的《津門雜記》載:「黃芽白菜，嫩於春筍」，並引用當時的民謠曰:「大頭白菜論斤賣，一二文價錢不昂」，說明白菜是民間普通蔬菜，雖然價格低廉，味道卻不同尋常。《津門竹枝詞》唱到:「菜傭來自御河溝，新摘黃芽薦晚秋。少買論斤多論卷，嚼霜滋味勝珍饈。」清中期的天津詩人樊彬在《津門小令》中也曾詠頌:「津門好，蔬味信誠誇，玉切一盤鮮果藕，翠生千粟小黃瓜，菘馥說黃芽」。

　　人們用黃芽白菜為原料製作出了天津地區的另一特產——冬菜。冬菜源於乾隆時期的滄州（清代屬於天津府），天津地區的冬菜製作始於清末，興起於民國年間的靜海。乾隆年間滄縣「藝豐園」醬園用白菜加鹽拌以糖蒜，做成什錦小菜出售，稱為「素冬菜」。後來，天津地區大直沽「廣茂居」醬園又改製成「五香冬菜」，專銷臺灣和香港地區。大直沽的「東泉居」「東露居」醬園也生產冬菜。一九八○年，「大直沽酒店」創製了葷冬菜。一九二○年，大直沽「義聚永」醬園在靜海縣紀莊子就地採購白菜原料，設場製作，冬菜技術傳到靜海。紀莊子「廣昌德」醬園於一九二三年開辦了「山泉湧」冬菜作坊，制定了「人馬牌」商標，標籤註明「山泉湧常萬三製造」字樣。自二十世紀三○年代開始，以「山泉湧」和「義聚永」為代表的天津地區冬菜開始大量出口。除港臺地區外，天津地區冬菜還遠銷到印度尼西亞、新加坡、馬來西亞、越南、泰國等東南亞國家。除了因為當地華人眾多外，還因東南亞地區多嶼，氣候潮濕，冬菜用大蒜泡製，有除濕、去瘴、解毒功能，故大受歡迎。一九三七年九月，日軍占領靜海後，冬菜銷路銳減，生產遭受嚴重摧殘。

　　天津地區冬季蔬菜除了白菜外還有脆如梨的蘿蔔。「沙窩蘿蔔賽鴨梨」，俗有「賽鴨梨」之稱的沙窩蘿蔔又稱「衛青蘿蔔」，甘甜脆嫩。蘿蔔具有通氣消食的食療功效，天津地區諺語「吃著蘿蔔就熱茶，氣得大夫滿街爬」通俗直白地反映了人們

▲圖15-1 御河白菜

▲圖15-2 沙窩蘿蔔

▲圖15-3 黃皮蔥頭

▲圖15-4 天津衛韭與韭黃

對蘿蔔食療特性的認識。「聲聲唱賣巷東西，不數茨菰與荸薺。爛嚼胭脂紅滿口，楊村蘿蔔賽鴨梨。」[1]清末民國時期，每至秋冬，在街頭巷尾、旅店、澡堂、戲院、茶社到處都有賣青蘿蔔的。傍晚，「格崩脆的蘿蔔賽鴨梨喇！買蘿蔔喇！」的叫賣聲飄蕩在街頭巷尾。

韭菜，在我國上古時期就有種植。天津地區韭菜中的「衛韭」已不是普通的蔬菜。《津門竹枝詞》唱曰：「菜韭交春色半黃，錦衣橋畔價偏昂。」《天津地區續志》記載，清朝同治年間，芥園的一位姓朱的菜農兼養花，他在自家的暖窖中培育出韭黃，每冬培植，年終銷售，獲利頗豐。清光緒年間被津郊農民普遍栽培。據說，黃如金，細如絲的衛韭作為貢品進貢清廷，博得慈禧太后的讚賞，賜名「金絲韭黃」。

與「衛韭」同為宮廷御品的還有寶坻「六瓣紅」大蒜。明萬曆年間，寶坻縣令

1　雷夢水等編：《中華竹枝詞》，北京古籍出版社，1997年，第515頁。

袁黃的《勸農書》就記載了寶坻栽種大蒜。「田邊開溝引潮水葴蓄積雨潦灌之，外周以桑課之蠶利，內皆種蔬，先足長蔥蒜。」寶坻大蒜含有豐富的膠質，是天然的植物黏合原料。清代初期，被江浙絲綢商用來粘絲巾花樣（即把一些花樣圖案黏在絲綢上），具有防蟲蛀、防發霉、不變色等功效。在江浙絲綢商的需求下，寶坻大面積種植大蒜，雍正七年（西元1729年）達到種植高峰。直到民國十六年（1927年）在寶坻的林亭口一帶還停泊有收購大蒜的江浙船隻。

黃皮蔥頭，是天津的風物特產，已有近百年的種植歷史。蔥頭又稱「圓蔥」，是從國外引進的蔬菜品種，故又稱作「洋蔥」。天津黃皮蔥頭具有肉質細嫩柔軟、纖維少、辣味濃、水分少等特色，這是在適應天津本土生產，長途運輸和遠洋海運船員食用的過程中逐步培育形成的。黃皮蔥頭有圓形和扁圓形兩個品種，人稱「大水桃」和「荸薺扁」。近代黃皮蔥頭主要供應天津租界，滿足外國僑民和遠洋水手船員的需要。隨著名聲漸起，黃皮蔥頭遠銷香港地區及東南亞等地。

三、貴為貢品的河海兩鮮

「九河下梢」的地理環境造就了天津地區人愛食河海兩鮮的飲食傳統。金眼銀魚、紫蟹、桃花河豚、刀魚、比目魚、對蝦、晃蝦等在天津地區家喻戶曉。「西施乳」「江瑤柱」和「女兒鯉」被譽為「津門海味三奇」，銀魚、紫蟹、衛韭、鐵雀被譽為「津門冬令四珍」。

天津地區的銀魚生長在渤海灣的鹹水中，洄游於海河與薊運河，寧河至北塘河段。秋末冬初，鮮肥滿籽的銀魚成群結隊進入海河產卵，游至三岔河口時眼圈為金色，最為珍貴，俗稱「金眼銀魚」。金眼銀魚早在明代就是貢品，設置了「銀魚場太監」，督辦衛河銀魚的供奉。寶坻縣令胡與之上奏《銀魚說》，請求罷免擾民的銀魚貢。清代中後期銀魚再度供奉宮廷。晚清民國時期，三岔河口變為鬧市，銀魚產量驟降。清末天津詩人馮文洵《丙寅天津地區竹枝詞》：「望海巍然百尺樓，金鐘已改舊時流。三岔河口名仍在，不識銀魚上水不。」金眼銀魚有一股黃瓜的清香味，

鮮嫩異常。清末天津詩人周楚良《津門竹枝詞》:「銀魚紹酒納於觴,味似黃瓜趁作湯,玉眼何如金眼貴,海河不如衛河強。」因其不食雜物,腹內純淨得不見臟腑,全身臘白如玉。

同銀魚一起入貢的還有天津地區的紫蟹。紫蟹是天津地區市郊特有的蟹類,大者如銀元,小者如銅錢。生長在津西窪淀的蒲草、蘆葦叢中和津南小站、葛沽和寧河縣等地的溝渠稻田中。秋後長至銀元大小,冬季蟄伏於葦塘、稻田及河堤泥窩等處,不再長大。紫蟹在京都也廣受追捧,引得文人墨客題詩讚歎它的美味。崔旭《津門百詠》:「春秋販賣至京都,紫蟹團臍出直沽,輦下諸公題詠遍,持蟹風味憶江湖。」

相對於味美的銀魚紫蟹,食用鮮美無比的河豚卻充滿了冒險。崔旭就在《津門百詠》中描述了眾人冒死吃河豚的場景。「清明上冢到津門,野苣堆盤酒滿樽。直得東坡甘一死,大家拼命吃河豚。」從崔旭的描述中可知天津地區河豚在清明時節、桃花盛開之際最為鮮美。

除了上述之外,清末民國時期天津地區的名特飲食物產還有長蘆鹽、麥子名品「壓翻車」、豆類代表赤豆、天津小棗、天津甘栗、盤山柿子、核桃、紅果、羊魚、魯魚、鱻(xiǎng)魚、野鴨等。

第二節　大眾化小吃與珍饈佳餚

天津地區開埠後,天津地區傳統商業轉向近代化的工商業,國內外貿易活躍。城市經濟的轉型需要大量的勞動力,周邊省市一些農民紛紛移民天津,形成了一個日益擴大的勞苦階層。因此,面向這個階層的製作簡便、價格低廉的風味小吃隨之發展起來。清末,天津地區的各地商幫成立商會,商幫把家鄉的飲食風味也帶到了天津地區。津菜與各地飲食風味流派為滿足商幫和上層名流的飲食需要,不斷推出珍饈佳餚。

一、簡便便宜的小吃

近代天津地區勞苦階層的興起與「三不管地界」催生了眾多的小吃，分稀食、蒸食、煮食、烤食、油炸、炒製等。

稀食有：麵茶、茶湯、杏仁茶、梅湯、果乾湯、老豆腐、小棗秫米飯、蓮子粥、八寶粥、素丸子湯、羊肉粥、羊腸湯、豆漿、小豆粥、湯麵等。

蒸食有：狗不理包子、陳傻子包子、鼓樓東小包、石門檻素包、北門西劉記牛肉包、東馬路恩發德羊肉包子和蒸餃，馬家燒麥、甘露寺前燒麥、大胡同雞油火燒、楊村糕乾、芝蘭齋糕乾、熟梨糕、查家胡同小蒸食等。

煮食有：白記水餃、壓飴餎、撈麵、抻條麵等。

烤烙類有：煎餅果子、明順齋什錦燒餅、南門外杜稱奇火燒、大經路明順齋油酥燒餅、韭菜盒子、京東餡餅等。

煎食有：東門裡中立園三鮮鍋貼、羊肉回頭等。

炸食有：桂發祥麻花、王記剪子股麻花、陸記燙麵炸糕、棒槌果子、果箅、「果仁張」的果仁、鼓樓北炸螞蚱（炸蝗蟲）、炸銀魚等。

黏食有：耳朵眼炸糕、馬記盆糕、小棗切糕、喇嘛糕等。

炒製類有：崩豆張的崩豆、糖炒栗子等。

另外還有西瓜糕、江米藕、扒糕、酪兒、知味齋水爆肚、獨流燜魚等。

▲圖15-5 「石門檻」素包

▲圖15-6 煎餅果子

▶圖15-7 韭菜盒子

❶ · 麵茶與茶湯

　　麵茶是清末以來京津地區流行的傳統小吃。清末民初，以海河北岸小關附近上崗子最為有名，主要是用料純正，是這一帶的土特產。麵茶由北京傳入天津地區後，回民經營者根據天津地區人好香鹹的口味進行了改進。大米麵換成了糜子麵，加入了芝麻鹽、花椒鹽、麻醬等。

　　茶湯的原料與麵茶類似，只是麵茶是煮的，茶湯是用開水沖的。製作時將秫米麵用水調開，然後用開水沖熟，上面撒上紅糖、白糖、青紅絲、桂花、玫瑰、葵花子仁、核桃仁等，味道香甜適口。喝上一碗價錢便宜的麵茶或茶湯，不僅緩解飢渴而且能祛除體內寒氣。據以製作茶湯見長的津門楊氏介紹，他家六世祖住在西北角的大夥巷，道光十年（西元1830年），楊家先人蒐集整理了唐代高力士獻給楊貴妃龍鳳壺雜糧羹的配方，經研製而成。其實茶湯的最早記載見於明代北京的民謠。民國時期天津地區的南市、鳥市等貧民區茶湯攤點很多，其中以回民馬福慶的「馬記茶湯」名聲最大。他研究了人們的茶湯口味愛好，把糜子麵改為高粱麵，購進靜海獨流鎮優質高粱和廈門產紅糖。定製了龍頭大茶壺，用白布鋪案。馬家茶湯原料獨特、工藝精良、講究衛生，這些優勢使得馬家茶湯很快揚名津門。

❷ · 消暑解渴飲梅湯

　　炎熱的夏季天津地區人愛喝杏仁茶或梅湯解渴消暑。方法是用冰塊把酸梅湯做成冷飲，在花瓷碗裡沖泡，敲打著銅盞高聲吆喝叫賣。崔旭的《津門百詠·冰窖》：

「穹窿覆蔽窖深長，河水成冰應候藏。銅盞叮噹敲賣日，饒瓷花碗泡梅湯。」在舉行盛大的「皇會」時，為了給眾人提供解渴方便，當地的「河北窯窪果子行會」便組織成立了「河北窯窪果子店梅湯聖會」。這是一個免費為人們提供梅湯的公益團體。事先將紅糖、桂花、熟烏梅等用開水衝開、泡好，盛在筲裡，挑著行進在皇會隊伍中，誰渴誰喝，會員隨時添加，深受稱讚。

「皇會」最初是祭祀天后娘娘誕辰吉日（農曆三月二十三日）所舉行的慶典儀式，後來成為規模逐年發展的節日盛會。期間善男信女虔誠朝拜，前來觀看者亦是人頭攢動。此期間，商事興盛，客棧爆滿。在這個求福納祥的節日期間，不能發生人員傷亡等不祥事故。為了皇會的正常進行，一些士紳官宦成立了盛會組織，「梅湯聖會」就是其中之一。梅湯具有生津止渴、清熱解暑、祛除痢疾等功效，免費提供梅湯是防止因口渴或中暑發生意外。梅湯也藉助皇會的影響，成為遠近聞名的天津小吃。一碗小小的梅湯，竟具有如此強大的社會功能，這也是中國飲食文化的魅力之所在。

❸·「萬順成」的飯和粥

「小棗秫米飯」是在秫米熬成的稀飯中加上天津地區的特產小棗和糖，熬好的

◀圖15-8 「楊氏茶湯」

粥又黏稠又爛乎。一九二○年，由段玉吉三兄弟在南市東興大街開創了「萬順成」專賣甜粥，這家粥店以小棗秫米飯、蓮子粥和八寶粥而享譽津城。段玉吉是靜海縣獨流鎮人，早年在天津以賣秫秸為生。他發現南市一帶人們喜愛甜食，就叫上兩個兄弟開了這家甜食鋪。

秫米，指的是黏高粱米或黃米，再加上氣血雙補的小棗和補血、補能量的糖，這簡便便宜的小吃也就具有了食補的功效。粥自古以來就被視作養生佳品，南宋陸游的《食粥》寫道「世人個個學長年，不悟長年在目前。我得宛丘平易法，只將食粥致神仙。」南市一帶是靠體力為生的貧民聚集區，人們喜歡甜食是補充體能的需要。「萬順成」的小棗秫米稀飯和其他粥品，是植根於南市，具有旺盛生命力的小吃。

❹‧聞名中外的「食品三絕」

清末民國年間天津地區產生了諸多的小吃，其中最為著名的是「狗不理包子」「耳朵眼炸糕」「桂發祥大麻花」，被人們譽為「天津食品三絕」。

「狗不理包子」創始人高貴友乳名「狗不理」，他把傳統大發麵、硬餡加菜工藝改造為半發麵、和水餡等工藝。這種獨特的工藝，菊花般的造型，香而不膩的口感

▶圖15-9 「狗不理」包子總店

▲圖15-10 「桂發祥」麻花

▲圖15-11 「耳朵眼」炸糕

使得狗不理包子成為包子名品。民國時期已經同鼓樓東姚家門口小包、南閣張官包子齊名。馮文洵的《丙寅天津地區竹枝詞》記：「包子調和小亦香，狗都不理反名揚。莫誇近日林風月，南閣張官久擅長。」

「耳朵眼炸糕」由回民劉萬春創製於清朝光緒十八年（西元1892年）。因店鋪位於天津耳朵眼胡同故名，炸糕選料精、製做細，風味獨特，物美價廉，在炸糕同行中出類拔萃，獨樹一幟，贏得「炸糕劉」的綽號。做炸糕的米用的是北運河沿岸楊村、河西務和子牙河沿岸文安、霸縣產的黃米和江米，經水泡漲後用石磨磨成粥狀，盛在布袋中，經淋水發酵後兌好鹼當作麵皮。豆餡用的是天津地區名產硃砂紅小豆。耳朵眼炸糕以「黃、軟、筋、香」四大特點享有盛譽。

「桂發祥」麻花的創始人范貴林講求真材實料，選用的是精白麵粉和上等清油。為了使自己的麻花與眾不同，他在麻花的白條和麻條之間夾進了什錦酥餡，用桂花、閩薑、核桃仁、花生、芝麻、青紅絲和冰糖等做餡料，其中桂花是以杭州西湖桂花製成的精品鹹桂花，冰糖是用嶺甫種植的甘蔗製成的冰糖。經過反覆研製，又總結出發酵麵兌鹼隨季節、氣候變化增減的方法。創造了金黃油亮、香甜味美、久放不綿、香氣四溢的什錦夾餡大麻花。

天津地區「食品三絕」具有共同的特徵。一是創始人都屬於經營小本生意的下

層商販，光顧者多為普通市民。二是都在經營過程中堅守精選原料，貨真價實的原則，誠信經營，以致於「狗不理包子」的顧客能自行放錢取包子。三是根據人們的飲食需求探索出獨到的製作工藝，形成了品質優良、獨具個性、貧富皆宜的產品特色。四是經歷了由中下層到上層社會的口碑傳播。

「狗不理包子」成名後，直隸總督袁世凱獻給慈禧太后品嚐，得到慈禧的讚賞，遂成為貢品。民國時期，包子深受張學良的胞弟張學銘等寓居天津的民國政要的喜愛。「耳朵眼炸糕」雖然位於狹小的耳朵眼胡同，但也擋不住遠近人們來此購買，經營布匹、當鋪和銀號的富商也前來訂購。「桂發祥麻花」的原料融匯南北，而且根據人們購買需求在麻花的餡心和重量上進行變化，適應了不同階層的需要。官宦富貴階層的購買宣傳使「食品三絕」由天津地區走向了全國。

❺·「楊村糕乾」和「獨流燜魚」

「楊村糕乾」是我國最早打入國際市場的小食品，一九一五年榮獲巴拿馬萬國商品博覽會銅製「嘉禾」獎章。創製人杜氏的祖籍是山陰（紹興），明永樂初遷居武清楊村，他根據漕運的江南人喜愛糕乾而創製。楊村糕乾以稻米、綿白糖為主要原料，生產工藝細膩、考究，口感鬆軟且易消化，有健脾養胃的功效。

一九二八年，曾在楊村糕乾店學徒的費效曾在沈莊子大街創立「芝蘭齋糕乾」店。他綜合天津地區各家糕點所長而創製，與楊村糕乾不同的是，芝蘭齋糕乾帶有餡心。它以優質小站稻米、江米麵為主料作皮。以優質紅小豆豆沙、芝麻、桃仁、葡乾、瓜條、白糖、紅果、玫瑰、奶油、可可等多種輔料調配成餡，經包餡蒸熟精製而成。整體潔白、不粘牙、不掉麵、口感綿軟，成為農曆正月人們最喜歡的食品。

這裡的名吃還有靜海縣獨流鎮的「獨流燜魚」。獨流燜魚成為名吃源於優質的原料獨流老醋、鮮鯽魚，以及它獨特的製作技藝。始創於明永樂年間的獨流老醋，在清康熙初年即已揚名四方，被定為宮廷貢品，與山西老陳醋、鎮江香醋一起被譽為「中國三大名醋」。鯽魚是靜海的河鮮特產，康熙《靜海縣志·物產》即有記載：

「鱗、鯽、淮、烏、鯰、鰍、魴、黃、鰱、季、柳葉、鱔魚十二種。」獨流燜魚經炸、燒、燜等製作工藝製成，骨酥肉爛，後味綿長，童叟皆宜。

❻·宮廷小吃到津門

天津地區的小吃不單純源於民間，有的還來自宮廷，「果仁張」和「崩豆張」就是其中的代表。「果仁張」的創始人是清宮廷御廚張明純。滿族出身的張明純，祖上就是御廚。他摸索出了以果仁為原料的炸食技術。炸製的食品具有自然顯色和放香的特徵，香而不俗，甜而不膩，酥脆可口，久儲不綿，被賜名「蜜貢張」。子承父業，張明純的兒子張維順在宮內炸製果仁，受到膳食挑剔的慈禧的讚賞。辛亥革命後，御廚隨著帝制的結束而出宮自食其力。一九二四年，第三代傳人張惠山在天津山西路創立了「真素齋」。他不僅傳承了祖上精湛的果仁炸製手藝，而且用宮廷器具盛放果仁，不久就成為天津地區的名小吃。

「崩豆張」創始人張德才是清嘉慶末年的宮廷御廚。為了滿足帝后嬪妃們以小食消磨時光的需要，他悉心研究，精心實踐，終於製成多種豆類小食。製作出「糊皮正香崩豆」「豌豆黃」「三豆涼糕」及果仁、瓜子等，尤其是「糊皮正香崩豆」最受青睞。第二代傳人張永泰在宮中製作出口味、色香獨特的崩豆及加餡崩豆七十餘

▲圖15-12　「果仁張」門店

▲圖15-13　「崩豆張」的匾額

種，得名「崩豆張」。袁靜雪在《我的父親袁世凱》一文中提及：「袁世凱倒台後，時常命家人上街買糊皮正香崩豆吃。」光緒間，張永泰兄弟三人攜妻帶子回天津定居，張氏兄弟首創「崩豆張」總號，先後在城裡丁公祠和小藥王廟開設了「永泰成」和「永德成」兩家分號。從此，「崩豆張」走出宮廷，成為家喻戶曉的天津名小吃。

來自宮廷的小吃「果仁張」和「崩豆張」都成為了天津名吃。天津毗鄰京城，但商業氣息要濃於北京，五方雜居、九國僑匯，城市貧民眾多，因此在天津經營小吃更容易生存。天津是北京的後花園，清廷的遺老遺少紛紛來到這裡，他們的飲食喜好與宮廷飲食有著千絲萬縷的聯繫，宮廷小吃自然受到他們的喜愛。

晚清民國時期的天津地區，小吃眾多品類豐富與這個時期天津地區的經濟社會狀況相關。天津開埠後步入了近代化城市，商業、工廠和城市生活吸引著大批破產農民來此謀生，形成了數量龐大的城市貧民。他們消費能力低，要求價格低廉、充飢止渴、食用方便的飲食，在這種需求下，各種小吃應運而生。在滿足不同消費能力人們食用的過程中形成了不同層次的小吃品種。

二、匯聚中外的珍饈佳餚

清代初期津菜形成，清末民國期間津菜又吸收了其他飲食風味流派乃至西方飲食文化元素。廚師們通過精心研製，發展出了一系列名菜佳餚。民間的「二葷館」創製出津菜傳統名菜，「酒席處」發展了民間宴席。高檔次的清真風味飯莊紛紛營業，形成了著名的「十二樓」。佛教的迅速發展催生了素菜的興旺。各地的商幫把家鄉風味帶入天津地區，並吸收津菜的地域特色形成了眾多菜幫。英法美德俄等西方殖民者在天津地區過著穿西裝，吃西餐的西式生活。清末民初，始於買辦的國人吃西餐逐漸被工商階層和知識分子所接受。這個時期，天津生活著官宦士紳、富商買辦、租界僑民等一干中上層社會人士，使這裡多元文化交匯，呈現了「萬花筒」一般的飲食文化新格局。

❶・津菜中的各式宴席

　　這個時期「八大成」等高檔飯莊繼續經營滿漢全席、燕窩魚翅「八八席」、中檔的鴨翅「六六席」（36件）以及低檔的海參席。其中高檔菜餚以「義和成」的滿漢全席著稱。商務部飲食服務管理局、中國烹飪協會、中國財政經濟出版社聯合編寫的《中國名菜譜・天津風味》記載了天津地區滿漢全席部分菜名，呈現了較突出的地方色彩。「四大菜：氽燕菜、扒蟹黃魚翅、酒醉玉帶白鱔、烏龍戲珠；四小菜：瓜薑里脊絲、蝦子燒腐竹、燒蓮菜（藕絲）、金鉤掛銀條；四白菜：白奶雞、魚肚扒春菜、四喜雲片鴨子、哈巴肘子；四紅菜：紅燒猴頭、清蒸鹿尾、烤乳豬、掛爐烤鴨；」以及「四蜜汁」「四甜碗」「壓桌四大菜」等。

　　從技法上看，以上菜餚製作採用了津菜獨特的扒、氽等技法，從原料上看，使用的都是蟹黃、鯉魚、紅棗、蘿蔔等天津地區特產。具有濃郁的津菜色彩。

　　「二葷館」與「酒席處」是清末民國時期產生的中檔飯莊。近代詞章學家夏枝巢在其著作《舊京瑣記》中這樣解釋二葷館「一曰價廉而物美，二曰但客座嘈雜耳」。天津地區的二葷館是針對其經營方式而言的，既包辦酒席也接待散座。二葷館以「天一坊」「什錦齋」等飯莊為代表。光緒五年（西元1879年）在繁華的北門外大街開業的「天一坊」是最早的二葷館，被譽為「天下第一坊」。天一坊以煎熬花魚、清炒蝦仁、罾（zēng）崩鯉魚、扒醬肉野鴨、蟹黃丸子等菜餚著稱，後來清炒蝦仁、罾崩鯉魚和扒醬肉野鴨成為津菜傳統名菜。《天津地區文史叢刊》記載，世代承當鈔關稅房的津門豪富——大關丁家第四代丁伯鈺、同族兄弟丁伯儒最愛吃什錦齋的「瑪瑙野鴨」。什錦齋的火鍋、炒海蟹等菜餚在清末民國時期也久負盛名。

　　比二葷館檔次略低的是「酒席處」，主要是出台舉辦酒席。酒席處分店堂經營和無店堂經營兩種類型，後者不接待散座。店堂經營的酒席處一般店名中帶個園字，如：永慶園、洪盛園、聚盛園、福順園、醉春園、義興園、中立園等。酒席處主要經營天津地區民間風味的四大扒、八大碗等。「四大扒」是在以「扒」法做成的諸多菜中如扒整雞、扒整鴨、扒方肉、扒肘子、扒海參、扒魚、扒麵筋、四喜肉等選四個。民間以扒雞鴨魚肉為主。四大扒不能單獨成席，只是作為八大碗席面的

配菜。「八大碗」是天津地區流行的民間宴席，按照檔次分為「粗八大碗」和「細八大碗」。「粗八大碗」是在燴蝦仁、熘魚片、全家福、桂花魚骨、燴滑魚、汆肉絲、篤麵筋、汆大丸子、燒肉、松肉等菜中選八個；「細八大碗」是在炒青蝦仁、燴雞絲、燒三絲、全燉、蟹黃、蛋羹、海參丸子、元寶肉、清湯雞、拆燴雞、家常燒鯉魚等菜中選八個。

❷·清末民初時期的清真飯莊

清末時期天津地區的清真風味由明清時期的包子鋪、麵食攤發展為牛肉館、羊肉館等中高檔飯館、飯莊。鹹豐、光緒年間開業的北大關的「恩德元」，侯家後的「恩德厚」，東興街的「恩元合」，紅橋的「仁記恆」等就屬於中檔的牛肉館。民國時期清真牛羊肉館遍布津門，據《天津地區和平區志》記述，在「七七事變」前僅和平區的牛羊肉館就多達五十餘家。這些清真牛羊肉館經營的主要菜餚有：燉牛肉、油爆肚仁、芫爆散丹、清炒蝦仁、燉牛尾、燉魚白、燉羊三樣、紅燒蹄筋、紅燒比目魚等。咸豐年間詩人周楚良的《竹枝詞》中就描繪了牛肉館中的菜餚：「溜筋燉腦又爆腰，釀餡加沙炸尾焦，羊肉不羶劉老濟，河清館靠北浮橋。」

高檔的羊肉館，一般經營「全羊席」等高檔宴席，店名一般冠以「樓」字。光緒二十四年（西元1898年）《津門紀略》中記載的「慶德樓」就是較早的羊肉館。一九一一年，石小川編輯的《天津地區指南》中記載了鴻賓樓、燕春樓、會芳樓、賓宴樓等清真飯館，並注名為羊肉館。此後又出現了慶興樓、同慶樓、會賓樓、大觀樓、相賓樓、迎賓樓、富貴樓、暢賓樓等，統稱為「十二樓」。「清真館子請君嘗，應屬鴻賓與會芳」，清真館中以「鴻賓樓」和「會芳樓」為代表。咸豐三年（西元1853年）開業的鴻賓樓除了全羊席外，代表菜品有芫爆散丹、紅燒牛尾、篤魚腐、燒蹄筋、雞茸魚翅、白崩魚丁、八珍燕盞、金錢蝦托、涮羊肉、清真烤鴨和清真鍋貼等。會芳樓的廚師大多師從八大成中的名廚，以經營「扒海羊」等為代表的高檔燕翅席著稱。

❸ · 名流匯聚的真素樓

明清時期天津地區的道教與佛教迅速發展，到清末民國時期宮觀寺院廣布市區郊縣。面向僧人居士和民間素食者的素食館應運而生，到民國初年已有菜羹香、蔬香館、素香齋、六味齋、常素園、石頭門檻等十餘家素菜館。

其中以清光緒三十三年（西元1907年）在大胡同開業的「真素樓」規模為最大。著名教育家、改革家、書法家嚴修為《真素樓》題寫了匾額，並題寫了「真是情的元素，素乃謂之本真」的對聯。書法家華世奎也親筆為《真素樓》題聯「味甘腴見真德性，數晨夕有素心人」。名人鄧慶瀾題聯「真是六根清淨，素無半點紅埃。」此外還有言敦源、李容之、朱家寶等文化名流也先後為《真素樓》題寫了楹聯。這裡不僅是佛門人士的高檔飲食場所，李叔同等津門文人墨客、國學大師們也常來此談學論道。

真素樓的廚師們技藝高超，他們以香菇、冬蘑、蓮子、桃仁、木耳、花菜、春筍、腐竹、腐皮、麵筋、素雞、南豆腐、粉皮、綠豆菜、黃豆芽以及油菜、菠菜、龍鬚菜、山藥、白蘿蔔等三十多種菜類為原料，能做出一百多樣素菜。其中「以素仿葷」的素雞、素鴨、素魚、素魚翅、素魚肚、素大腸、素火腿等素席菜餚外形逼真，清香素雅。傳承和發揚了「葷菜素做」的民間素菜製作傳統，製作出的仿葷菜與市面上的真葷菜幾可亂真。這裡還包辦高檔素席，如燕翅席、鴨翅席、海參席等。真素樓的代表菜餚有炒鱔魚絲、腐乳扣肉、杏仁豆腐、琥珀蓮子、紅燜津菜、羅漢麵筋等。

❹ · 隨商幫而興的外幫風味菜餚

早在元代外地飲食風味就隨著漕運進入天津地區。清代，天津地區的外地移民增加。商人們為了增加競爭力，以同鄉為紐帶結成聯盟，產生了閩粵商、魯商、晉商等商幫。

清末民國時期，隨著商幫的興起，經營外地飲食風味的菜館也紛紛開業，其中以魯菜館居多。天津地區的魯菜高檔飯莊往往以樓命名，成了同福樓、同和樓、天

▶圖15-14 天津南市「登瀛樓」飯
　　莊（天津圖書館提供）

源樓、登瀛樓、松竹樓、全聚德、文興樓、會英樓、萬福樓、蓬萊春等著名的魯菜
十大飯莊，其中聲譽最盛的是「登瀛樓」，魯幫菜主要經營津菜和魯菜。一九一三
年，山東人蘇振芝在繁華的南市建物街創立了一家魯菜飯莊，取名「登瀛樓」。店
名「登瀛樓」即含有來自山東之義，也傳達了如登仙境的意蘊。代表菜有九轉大
腸、紅燒海參、黃扒大翅、一品官燕、糟蒸鴨、醋椒魚、拌庭菜等魯津名菜。其中
「糟蒸鴨」是卸任民國總統的馮國璋介紹的，「拌庭菜」出自書法名家華世奎的指
導，「醋椒魚」是民國政要張志譚介紹的。

　　江浙等地的商人和移民早在元代就定居天津地區。清代，以八大家為首的富商
也大多來自江南富庶之地，江南風味的餐館飯莊自然也紮根天津地區。《津門紀
略》記載了位於紫竹林的兩家寧波菜館「協興園」和「趙桂馨」。一九一一年的《天
津地區指南》記載了位於南市的三家揚州菜館「太乙樓」「九華樓」和「第一樓」。
一九三四年出版的《天津地區市概要》記載了三家江南菜館「新泰和」（法租界馬
家口）、「屯酒香」（法租界菜市）和「五芳齋」（南市）。使津門又添江南味。

　　明清時期閩粵商人在天津地區崛起，經營粵菜和閩菜的菜館也隨著產生。《天
津地區指南》中收錄的廣東菜館有「嶺南樓」（南市）、「餘香樓」（南市）和「津華
館」（南市廣興大街）。《天津地區市概要》（1934年）收錄了三家廣東菜館「北安利」
（法租界馬家口）、「南園」（法租界馬家口）、「金菊園」（法租界）和一家閩菜館「鹿

鳴春」（日租界花園街）。

《天津地區市概要》還收錄了經營河南風味的豫菜館「厚德福」（法租界28號路）：川菜館「美麗川菜館」（法租界天祥市場）和「蜀通」（法租界綠牌電車道）；晉菜館「晉陽春」（法租界天祥後門）。

這些以地方風味為特色的外幫菜菜館把各自的名菜佳餚帶到了天津地區。此時是川魯粵揚等各路名菜匯於津門各顯身手，在交流中融匯著，逐漸形成了具有天津地區地域特色的津派外幫菜。

❺・近代天津地區的西方飲食

天津開埠之後，英、法、美、德、日、俄、意、奧、比等九國先後在天津建立了租界。租界內的僑民按照本國的飲食方式食用西餐，於是西方的飲品、糕點和菜餚隨之湧入天津地區。一九二三年和一九四五年，天津地區的外國僑民人口兩次達到高峰。

天津地區第一家西式餐廳是起士林西餐廳。一九〇五年，德國廚師阿爾伯特・

▲圖15-15　「起士林西餐廳」舊址（天津檔案館提供）

▲圖15-16　「回力球場」舊址（天津博物館提供）

起士林來到天津，在法租界中街開了一家西餐館，取名「起士林西餐館」。1906年正式開設了「起士林西餐廳」。「起士林」曾為袁世凱舉辦的酒會製作西餐，得到袁世凱賞銀100兩。在天津地區大買辦高星橋（天津勸業場創辦人）的介紹下，起士林承包了津浦（天津至江蘇浦口）鐵路的麵包供應業務，從此名聲走出天津地區。麵包、糖果、黃油燜乳鴿、德式牛扒、罐燜牛肉、俄國紅菜湯等是起士林的特色菜點。

起士林西餐廳不僅為天津地區帶來西方食品，也傳播著西方飲食文化。從精美的餐具到花樣繁多的西式菜品，從布置考究的店堂到周到禮貌的服務，加上「顧客至上」的經營理念，很快就在天津地區享有了很高的知名度。20世紀30年代餐廳發展成5間門臉，開設了舞廳和露天餐廳。堅持「聲譽至上」的經營理念，杜絕偷工減料。起士林製作的蛋糕尤其受到上層人士的青睞，袁世凱、黎元洪等政要都曾請起士林做過慶生蛋糕。

20世紀20年代，專營純正法式大菜的「回力球場」是當時整個遠東地區最好的西餐廳。主廚都是義大利人，這裡僅西餐小吃就多達幾十種，不僅原料均為進口，就連整條的鮮沙門魚也從國外進口，這家西餐廳從烹調到服務質量都超過了天津地區其他西餐廳。1943年開設的義大利第第（DD^S）西餐廳以正宗義大利麵著稱，進餐期間還有三名外國老樂師組成的室內樂隊演奏西洋樂曲，營造了溫馨愜意的就餐氛圍，這是中國餐館所沒有的。

清末民初的「正昌咖啡店」是天津地區較早的知名咖啡店，位於法租界拉大夫路（今哈爾濱道）上，由來自希臘的一對兄弟經營。各種優質咖啡豆現磨現賣，同時經營法式西餐和西點，正昌咖啡店一直經營到解放前夕。德租界裡還有「龐納士咖啡館」「10號咖啡館」等高檔咖啡館，是買辦、名媛等消閒的場所。

西餐由於環境幽雅，進餐文明，菜點飲品衛生，還可以欣賞西洋樂，參加派對舞會等受到人們的歡迎。20世紀20年代，吃西餐成為飲食時尚。因為西餐利潤空間大於中餐，國人也開辦西餐廳。國人開辦的西餐廳分為高、中、低三個檔次。低檔

的適合大眾消費，以南市的「華樓」和日租界的「德義樓」為代表。中檔的以廣東人陳宜蓀、陳理范父子開設的「福祿舞餐廳」為代表，空間開闊、裝修講究，可以舉辦西餐宴會、舞會，最適合家庭聚會。高檔餐廳以當時要員或要員子女創辦的國民飯店、大華飯店、惠中飯店等為代表。餐廳時尚華貴，價格高昂，可舉辦舞會、京戲演出，是上層名流社交活動的場所。

天津地區的西餐與中餐相互影響形成了中餐、西餐的交流。當時大的中餐館裡均添有「西法大蝦」「沙拉子」「鐵扒魚」，後來又普及到了一般的中小餐館，一些中餐館裡還一度盛行「中菜西吃」，如著名的中餐館「致美齋」就模仿西餐廳經營套餐或份飯。至此，天津的餐飲業融進了諸多的西方飲食文化因素，從菜品的原料到烹飪方法，從經營理唸到就餐方式，從店面布置到服務方式，都發生了很大的變化，體現了天津飲食文化所具有的較強的吸納性、包容性與融合性。

三、豐富充沛的原料市場

眾多的餐館飯莊每日都需要大量的飲食原料，至晚清民國時期，供應原料的集市已變身固定的市場，並形成分類經營的店鋪，有蔬菜市場、魚行、雞鴨行、水果店、乾貨店、茶葉鋪等。在文人崔旭《津門雜詠》的一些詩裡對坊間市場有多方位的描繪，如有描繪鮮果鋪、雜糧店、醬園、南貨局等店鋪的竹枝詞。下面一首就是描寫鮮果店鋪裡售賣貼有標籤的各地名產：「梨名秋白勝哀家，果號花紅脆帶沙。玫瑰葡萄蘋果棗，紙簽題字楚王瓜。」崔旭的詩還描寫了一些商販擔挑各種飲食原料走街串巷叫賣，方便居民日常生活的場景，人們在家門前就可買到各種蝦米和鮮魚：「曲巷深深曉日嬌，魚蝦擔重一肩挑。金鈎賣罷來銀米，才過黃花又白條。」

晚清時期，天津地區的商業中心是城北的北門外大街和城東娘娘宮前的宮南宮北大街一帶。著名的隆昌海味店、四全公魚行、德記雞鴨店、公升茶莊、享德亨茶店鋪就位於北門外大街。瓷器名店慶豐、興隆則位於與北門外大街相鄰的河北街上，鞋帽綢緞的集中地估衣街也是乾鮮果批發地，杜利源、雙盛號等乾鮮果批發商

▲圖15-17　天津宮北大街（天津圖書館提供）　▲圖15-18　賣棗子的商販（天津博物館提供）

一年四季供應各地乾鮮果。煙臺蘋果、萊陽梨、深州蜜桃、蘇州藕、兩廣荔枝等各地乾鮮都會應季上市。竹器集散地竹竿巷是竹筷批發市場。

　　這一帶還有「曉市」與「趕洋」兩種早市。「曉市」供應水產菜蔬與鮮果等，每日凌晨交易，日出而散，不影響白日街面交通和店鋪經營。去洋貨市場上購買用品稱為「趕洋」。天津開埠後，外貨洋貨湧入天津市場，人們把賣洋貨的天津人叫做「趕洋的」。天后宮附近的宮南宮北大街是年貨市場，各種各樣的年貨一應俱全。

　　米麵批發商有麵粉公司、大米莊、斗店、米棧、糧棧等，這些商號公司經營米

◀圖15-19　天津商業區裡的「德興成」
　　　　　米莊（天津檔案館提供）

第十五章　晚清民國時期

麵糧油，貨物來自國內各省。民國以前，斗店是主要的糧食交易場所，交易的糧食有芝麻、大米、小米、小麥、高粱等。賣主多為河北、山東、江蘇等省的糧客或鄉間農民，買主多是本市米麵鋪、油坊、麵粉公司以及外埠糧商。天津地區最早的大米莊是清光緒二十八年（西元1902年）前後開業的義生源、公興存和仁義和。一九三三年，天津地區共有大米莊43家，一九三六年有麵粉商36家。經過多年激烈競爭，形成了以福星、壽豐、嘉瑞三家為主的局面。

天津地區還是北方茶葉的集散地，同俄羅斯的茶葉貿易也在天津地區中轉。天津地區八大家之一穆家經營的「正興德茶莊」是著名的商號。

第三節　不同階層的飲食觀念

晚清民國時期處於近代化進程中的天津地區的飲食觀念呈現出文明西化的特色。近代天津地區不同於近代西化程度較高的上海，也不同於政治氣息濃厚的北京。江浙富庶地承托起上海的快節奏近代化。國都北京生活著皇族要員，飲食生活極為講究。不同的經濟地理環境和政治環境注定天津地區的飲食觀念開化程度不比上海，其飲食文化內涵之豐厚程度也不同於北京。

一、求飽食，愛臉面的貧民飲食心理

飲食觀念因階層群體而異。對於終日奔波只為填飽肚子的城市貧民而言，他們的飲食觀念就是充飢，讓自己和家人生存下來。天津城市貧民簡易的家中沒有生火做飯的條件，買不起炊具、柴火、米菜和餐具。一日三餐盡在街頭飯鋪攤點解決。早餐喝碗粥、吃個饅頭；午餐吃碗麵，晚上有時在小酒館喝一點「高粱燒」就已經是享受了。極度貧困的他們在飲食上盡量壓縮開支，一天下來不過二十幾文錢的費用。他們沒有條件享受所謂的美味佳餚，對美食只是一種想像中的概念。

當然他們也夢想燈紅酒綠的上流飲食生活，但那畢竟處於虛無縹緲的夢想狀態。偶爾能改善一下時，就是吃一些飯店剩菜，行業稱之為「折籮」。據上海錦江飯店創始人董竹君女士回憶，折籮主要是中高檔飯館把比較完整的剩菜分類折倒，拉出店外去以非常低廉的價格賣給黃包車伕、工廠工人等城市貧民。天津地區飲食行業的觀念相對保守，出於顯示檔次和保護聲譽的需要，高檔飯莊不賣折籮。不在乎把剩菜倒掉或怕影響聲譽。而二葷館、酒席處和一些其他中檔飯館則積極出售折籮，天津地區人礙於面子把這種菜叫做「合菜」或「落菜」。

有人專門從飯館回收「折籮」，把收來的剩菜簡單地分揀一下，撇去浮沫和腐

第十五章 ■ 晚清民國時期

▲圖15-21　天津街頭的貧民飲食（天津博物館提供）

▲圖15-22　天津海河邊上的攤販（天津博物館提供）

359

爛的部分，用大桶盛著拉到「三不管」地。想打牙祭的人爭先恐後地圍過來，花上一點錢買一碗吃，就算改善生活了。桶裡面的湯菜有稠有稀，有魚肉海鮮也有菜葉，打在碗裡的成分全靠賣菜人的勺法。售賣者根據買菜者是否經常光顧而適當掌握。在貧民區興起的相聲就有反映吃「合菜」的段子，講的是一個人吃的是「折籮」，卻吹牛說自己吃了「大餐」，其實裡面只有半個丸子、一個魚頭、兩塊牛肉，還有個不知名的翅膀。諷刺的是愛要面子的人把吃折籮吹牛成吃高檔菜。這也反映了天津地區城市貧民愛面子和嚮往上流社會美食的心態。

二、「應季而食」的普通人家飲食觀念

天津是一座靠商業而興起的移民城市，明清以來形成了「竟豪奢，趨奢華」的民風。在飲食習慣與風俗習慣的影響下，形成了超支吃河海兩鮮的飲食觀念。「吃魚吃蝦，天津為家」，天津地區富產河海兩鮮，人們也形成了爭食應季鮮貨的飲食觀念。吃上一頓剛上市的時令河海兩鮮不僅是口味享受，而且已經演化成不甘示弱的社會風俗。「當當吃海貨，不算不會過」，超越經濟條件時，寧可當掉家中的值錢物品，也要換來一頓海鮮。這種「窮吃海喝」的行為被人們廣泛地接受和理解。「九河下梢」的地理環境，使河海兩鮮成為人們賴以生存的飲食物產。人們根據水產物種的生長規律捕食，久而久之形成了吃河海兩鮮的飲食習慣。飲食習慣形成之後，一旦或缺，心理便不舒服。

超支甚至當當吃海鮮是人們追求「應季而食」的一種做法，只是在海鮮剛上市的時候吃一次，為的是嘗鮮。廣大市民階層的日常飲食則是一貫秉承勤儉節約的樸素觀念，講究簡單實惠。主食是貼餑餑、「窮人美」（表層白麵，裡面是玉米麵）、饅頭、花捲、米飯等，佐以熬魚、豆芽、醃菜等一些時令鮮菜。節慶時，根據風俗習慣吃節日食品。逢到紅白喜事等需要置辦宴席時就是四大扒、八大碗等。比較富裕的家庭也做些炒雞蛋、燉肉、煮螃蟹等肉食海鮮。一般人家都喜歡吃白記餃子、狗不理包子、鍋巴菜、煎餅果子等名小吃，偶爾也會去中檔飯館聚餐或宴請。

三、極為講究的「八大家」飲食

「天津衛，有富家，估衣街上好繁華。財勢大，數卜家，東韓西穆也數他。振德黃，益德王，益照臨家長源楊。高台階，華家門，冰窖胡同李善人。」這首清末民國年間天津流行的民謠說的是富商闊家的代表「天津八大家」。其實早在清咸豐年間就有了八大家的民謠，人們把那時的富商代表稱為「老八大家」。無論新老，八大家多是通過鹽業、漕運發家的鹽商、糧商、海運商等。

豪商大賈身居大院，富甲天下，飲食生活講求排場，尤其是逢紅白喜事等人生家族大事時更是「一餐費萬錢」。

靠海運發家的「天成號」韓家飲食生活講求排場。據韓家後人韓扶生老人講，韓家日常生活奢華，模仿宮廷排場，家中僕役眾多，尤其是宴飲華麗豐盛。韓家舉辦喪事，僅款待隨禮的賓客就擺設酒席上百桌，宴請三日。正如津門名家華世奎的輓聯中所寫，「大富非富大貧非貧撒手成空何物帶將身後去，似睡非睡似醒非醒回頭一笑凡人都在夢中忙。」韓家衰敗後，後人過的是凡人的生活，父輩們奢華的飲食生活只留作家族的往事回憶。[1]

糧商富家石家的飲食生活極為講究，日常飲食所用飯菜按照尊長親疏大小內外由廚房分別製作。有專門的飲食生活管家負責每天請示當日菜譜。廚房的主廚都是高薪聘請的名廚，宴客和家用菜餚都是名廚精選原料製作的，清末石家當家人石元仕的必備早餐燕窩粥就要花掉40塊大洋。石家結交的官宦士紳都讚歎每次來都有聞所未聞的佳餚。石家廚房製作的「桂花魚骨」、「鴨包魚翅」後來成為菜館中的名菜。[2]

以樂善好施著稱的「李善人」多有慈善義奉，他積極投身救濟難民的慈善事業，開辦了粥廠，人稱「李善人粥廠」。第三代「李善人」李贊臣為招待賓朋，在南市廣興大街廣興裡對過開設了一家素菜館「蔬香館」，聘請宮廷御膳房專做素菜

1　張建星主編：《城市細節與言行──天津600年》，天津古籍出版社，2004年，第308-309頁。
2　張建星主編：《城市細節與言行──天津600年》，天津古籍出版社，2004年，第310頁。

的御廚做廚師，所烹製的素菜堪稱佳餚珍品，名聞津門。

　　據李贊臣的二孫女回憶，家中飲食生活極為講究。家中設有大廚房，設施齊全，廚師一流，有的廚師在新中國成立後成為天津著名飯店的主廚。各個房頭（大宅門各院落的主人叫「房頭」，這裡係指李贊臣的兒子）還設有自己的小廚房，各房每餐除四菜一湯由小廚房自己做之外，還可以向大廚房點菜送到各房。每日上午小廚子都要向各房報菜單，以便點菜。平時各房頭自己吃飯。在李家的日常飲食生活中，李贊臣對子女要求嚴格，每日只供一餐米，一餐麵。過年時全家才集中在一樓大客廳聚餐，此時菜餚更加豐富，山珍海味樣樣均有。每年過年，中午必備什錦火鍋和一條大鯉魚，還有李家名菜——全家福、清蒸鴨、野鴨扒肉、魚翅和熏魚，晚上吃水餃。[1]

　　東門裡高台階華家是鹽商，清末天津書法魁首華世奎是華家的代表人物。溥儀退位後，華世奎在天津以賣字為生。他的書法名震津門，求字者眾多，人稱「日進斗金」。他身居大院，飲食生活也極為講究。「華氏家族宅內設有大廚房、小廚房和面房。大廚房用來招待賓客友人和供各房日常飲食。大廚房的菜品豐盛精美，廚師的手藝很高，擅長烹調天津特色菜，能辦「魚翅席」、「鴨翅席」宴席。每晚八九點鐘，管家先生到各房去問吃什麼並記下第二天的菜譜。小廚房做一般家常菜，供男女僕人和遠親就餐。菜餚以魚肉和時鮮菜時蔬為主。有時，華家人為了改口味也吃小廚房和面房的飯菜。華家人不進小廚房，就餐時由廚房師傅用托盤送，再由本房女僕人接過送進屋。面房做餃子、餛飩、花捲、饅頭、烙餅、棗卷、麵條、包子等麵食。華家敗落後，幾個面房的師傅都自己開了饅頭房、包子鋪。」[2]

1　蘇莉鵬：《天津小洋樓：李贊臣舊居 天津衛「八大家」之一》，城市快報，2010-02-15（07）。

2　《華世奎家的廚房》，http://www.tjwh.gov.cn/shwh/lywh/mrgj/hua-shi-kui/mrgs---1-hskjdcf.htm。

四、「以西餐為潮」的知識分子飲食取向

天津地區被迫開埠，西方殖民者在「法外治權」的護佑下開始了殖民掠奪。他們建立貿易公司，低價收購中國原產原料，時人將這些洋人開辦的貿易公司稱為洋行。中外商人之間需要翻譯和中介，一些人充當洋人與國內商人的中間商，人們稱之為「買辦」。民國時期，天津地區成為北方的貿易中心和金融中心，買辦階層形成。買辦階層推動了中國的洋務運動，催生了中國的民族資本主義。洋務運動與民族資本主義發展對人才的需求又促進了天津地區近代教育的產生與發展，受教育發展和西方文化生活的影響，天津地區的出版報業發展迅速，處於全國領先地位。

辛亥革命前夕，天津地區的各級學堂多達147所。一九○○年英斂之創辦了《大公報》，到二十世紀初報紙雜誌已有50多家。一九二二年《天津指南》記錄了社會職業統計，其中律師500多人，醫院有47家。中外商行、銀行的普通職員、中外企業的管理人員和技術人員、教師、報人、律師、醫生等組成了近代天津地區的中產階層。他們文化程度高，有一技之長，思想進步，觀念先進，在飲食觀念上表現為批判傳統和接受外來文化，同時他們也有經濟條件來滿足自己的飲食追求。

大公報創辦人英斂之在辦報之前生活窮困，靠朋友接濟勉強度日。辦報之後，收入頗豐、社會應酬逐日增加。《英斂之日記遺稿》記述了他出入高檔飯莊的一些情況。他與朋友經常出入慶源樓、德義樓、林春等高檔酒樓飯莊，有時也去聚昇成、寧波館、山東館、日本壽亭、利順德等中外高檔餐館飯店就餐。英斂之出外聚會或為友人接風洗塵都偕夫人或孩子同往。在西方飲食風俗的影響下，知識分子階層打破了男女不同飲、晚輩與長輩不同桌的飲食傳統。「購牛奶兩盒、花鐵盒餅兩匣、共一元，送夏老伯。飯甚精潔，略飲紅酒。」[1]英斂之的日記中多次記到購買西洋糕餅，在番菜館吃西餐、品紅酒，飲用咖啡、荷蘭水（汽水）、麥酒等。從英斂之飲食交往來看，吃西餐、品味咖啡、紅酒已經成為知識分子階層友人聚會的常

1　郭立珍：《近代天津居民飲食消費變動及影響研究——以英斂之日記為中心》，《歷史教學》，2011年第6期，第22頁。

選。

知識分子宴飲常選擇西餐，主要出於他們中西飲食觀念的差異。從清末名流孫寶瑄的記述中可見一斑。出身官宦之家的孫寶瑄與章太炎、梁啟超、譚嗣同、汪康年、夏曾佑、張元濟、嚴復等文化名流交好。他在寓居天津地區期間，常出入西餐館和日本料理館。飯後對西餐廳的經營環境與飲食衛生讚賞有加，「詣密慎德西人餐處，廊宇崇峻，飲食豐潔，醉飽歸」。對比而言，對中餐則是批評苛刻，「飯於德昌，以先一日飲食不調，腹瀉，故我國疱人治饌，不敢入口」。孫寶瑄對中餐的批評有些偏激，但也反映了當時中餐的衛生狀況不如西餐。

知識分子批判中餐、褒揚西餐的飲食觀念有其深刻的社會文化原因。中餐作為傳統文化的一部分，從飲食環境、方式到禮俗都有著濃郁的傳統色彩。西餐代表著西方文明，相對而言講求營養衛生，禮俗簡潔。同歌伎侑食相比，西餐宴會的女士優先則是文明進步的表現。中國人起初對西餐的態度與西方殖民者的野蠻侵略等同，持有強烈的抵制態度。人們把西方人飲冷水、吃生肉的飲食方式視為原始形態的荒蠻飲食。隨著中西交流特別是向西方學習的過程中對西餐的態度發生著改變。西方飲食方式與西方人體質強壯有著直接的關係，也體現著西方飲食科學。學習西方，尋求富民強國之路的知識分子憂國憂民、思想激進。在知識分子眼中，中餐同落後、腐化的舊體制相聯繫，西餐與先進、文明的新體制相聯繫。他們開始接受西餐並引領這種飲食風尚。當中西飲食同新舊體制聯繫在一起時，飲食就超越了食用的範疇，同社會文化，開啟民智聯繫起來。在這種社會環境下，知識分子批判中餐，引領西餐消費也就在情理之中了。

五、「以中為本，中西結合」的公館飲食

同清中前期的富商修建莊園類似，晚清民國時期天津地區的官僚、買辦、實業家、寓公等也都大興修建私人園邸或寓居洋樓，這些居所被稱為「公館」。高官政要、買辦和實業家們都根據自己的飲食喜好僱傭私家廚師。公館內闢有廚房，私廚

們為自己的主人及其家人製作精食玉饌，形成了「公館私家菜」。公館私家菜受主人飲食觀念所支配，各具特色。

翰林總統徐世昌寓居徐公館，「藤蘿花餅」是公館飲食麵點中的代表。用剛綻開的藤蘿花的花蕊做成，入口唇齒花香。以花入饌早在唐代就有，文人墨客從中品味風雅。翰林出身的徐世昌具有傳統文士這種雅好。在對待西餐的態度上則是有區別地接受，他主張把西餐與中餐相結合，讓西餐本土化。據徐世昌的外孫許福寬先生講，徐公館的飲食傳統禮儀嚴格。筷子、勺子的擺放與拿法都有嚴格的禮儀規定。

清末舉人潘復曾任北洋政府的財政總長和內閣總理。潘公館內設有專做魯菜、豫菜、淮揚菜和西餐的四座廚房。潘復是山東人，喜歡吃九轉大腸、油爆雙脆、清湯燕窩、蔥燒海參等魯菜名菜。潘復的父親潘守廉在河南居官二十年，他也喜歡洛陽水席、炸八塊、蔥扒羊肉、糖醋軟熘魚焙麵、水煎包、蘿蔔絲餅、胡辣湯等豫菜。潘復是一位美食家，對灌湯包、筍乾絲、鱔魚絲、番茄蝦仁、核桃酪等淮揚菜也頗有研究。西餐以德式為主，兼英式、法式，卻聘請中國廚師主理。

張學良與胞弟張學銘寓居天津地區，傳承了帥府菜。張學良喜歡吃譚家菜的黃燜魚翅、家鄉的酸菜餃子，趙四小姐喜歡吃紅燒肉，張學銘喜歡吃炒掐菜、醋椒魚等。

從這些寓公們的飲食喜好可知，當時的官僚、買辦、實業家等不同於知識分子。他們更傾向於傳統，僱傭私家廚師，製作符合自己口味與身分的菜餚。在飲食上，講究製作精細，遵循嚴格的傳統禮儀。他們接受西餐，並能熟練地用於應酬。他們既秉承傳統追求金玉美食，又善於西餐應酬。這種兼備的飲食觀念是因為他們一般出身於官宦家庭，在傳統禮俗的熏染中成長，長輩嚴格的家教和對傳統體制的維護，讓他們自覺傳承傳統禮俗。但與此同時，近代外來的思想觀念對他們也產生了一定影響，社會變革中逐漸順應了時代潮流。出於交往的需要，接受西餐和西方的一些飲食禮俗。相對而言，這個階層更傾向於傳統飲食禮俗。

六、飲食禮俗的嬗變

不同階層的飲食觀念在社會變革的過程中發生著改變，傳統的飲食禮俗也在發生著嬗變。

天津地區對外通商後，基督教、天主教等西方教派在天津地區快速發展，教徒數量也快速增加。一九一二年天主教徒多達三四五一七人，新中國成立初期基督教徒多達七千餘人。「神交聖禮」的「聖餐」是基督教的重要禮儀，也是基督教信眾特殊的崇拜儀典。「聖餐」食品包括象徵耶穌身體的麵餅和象徵耶穌血液的葡萄酒。基督教的齋戒分大齋和小齋，小齋期間信徒們要減食，禁食牛、羊、豬、雞、鴨、鵝等熱血動物食品。而且禁止週五食肉。[1]佛教的僧尼、居士依照「受戒制度」「素食制度」等佛教制度素食戒酒。[2]這些宗教飲食禁忌成為教徒們飲食觀念的一部分。宗教飲食禮俗特別是外來宗教的飲食禮俗，也成為天津地區飲食禮俗的組成部分。

在中上層人群的飲食觀念引領下，到二十世紀三、四〇年代去番菜館宴飲小聚、品咖啡、吃洋糖果、糕點已經成為飲食時尚。西式飲食禮俗衝擊著普通家庭中的傳統的飲食禮俗。在尊老愛幼的基礎上，男女同桌共飲、長輩晚輩同桌進餐逐漸為人們所接受。在知識青年男女婚禮中，合巹、吃生扁食等飲食禮俗也逐漸被新式婚禮替代。在西餐簡約、營養的對比下，那種講求排場、酒菜鋪陳的傳統中餐禮俗受到猛烈批判。西方科學思想對人們的飲食觀念產生了重要影響。飲食衛生、營養攝取逐漸受到人們的重視。馮文洵有一首竹枝詞，反映了人們注重營養，普遍喝豆漿的情況：「豆腐方方似截舫，香乾名數孟家揚。汁能滋養勝牛乳，無怪街頭多賣漿。」

從飲食層的發展演變來看，下層是上層的基礎，上層引領下層飲食風尚。所以，從清末民國時期的社會飲食觀念發展來看，文明西化的飲食觀念是發展主流。

從民間普通百姓的層面來看，這個時期，人們對古已有之的節令時俗還是在恪守著、傳承著。如春節食俗——「一聲進水進柴來，初二家家竟祀財」，初二家家

1　康志傑：《基督教的禮儀節日》，宗教文化出版社，2000年，第53頁、第93頁。
2　高振農：《中國佛教》，上海社會科學院出版社，1986年，第114頁、116頁。

戶戶用雞魚羊肉祭祀財神，賣水的拿一把柴禾進門，「柴」「財」二字諧音，討個新年發財的好口彩。「一盤春柳晨餐薦，始識今朝是立春」，立春吃「春柳」，春柳是把雞蛋攤薄，切成絲，用春韭拌著吃的食物。這個食俗體現了農耕民族對「春」的希望和對「春」的敬畏。

第四節　茶園的興衰和寓公宴飲

一、麗聲雅音繞茶園

近代城市的茶館同公園一樣，是市民的公共文化休閒空間。茶館按檔次分有高檔的茶樓、茶社和中低檔的茶園、茶肆。近代天津地區，茶園比較發達，清同治、光緒時期有大小茶園130多處。茶園內賣茶兼有小吃，還有鼓書藝人的清唱。茶客三教九流彙集於此，泡一壺茶，上兩盤小吃，在藝人們的說唱聲中飲茶消閒。有的茶肆兼具勞工市場的功用，謀求生計的貧苦農民或市民來此飲茶等待主顧。茶肆內聚集著各類下層人群，在這裡聊天、下棋和會友，成為信息交流的場所。

絕大多數茶園就是早期的劇場，在天津眾多的茶園中名聲最大的是金聲茶園、慶芳茶園、協盛茶園和襲勝茶園，人稱「四大茶園」。

四大名園中每一家都可容納觀眾三四百人。舞台下設八仙桌和凳子，由茶園提供茶具、茶水。觀眾品茶聽戲，茶園以收茶資代替戲票。京劇名伶譚鑫培、楊小樓、孫菊仙、高福安等來津，都在四大茶園獻藝。四大茶園以戲好，角好，茶葉好，水開，對觀眾服務周到，伺候殷勤著稱。這裡也是茶客們休閒、會友、商談生意的場所。茶園外，一些小商販叫賣茶點和各色小吃，有的則提籃穿行於觀眾之間。四大名園上演的均為高雅劇目。

除「四大茶園」外，天津地區的其他茶園中也都有各自的名角來吸引觀眾，如

京劇大師梅蘭芳在「東天仙茶園」，上海的周信芳在「興華園」，譚鑫培在「聚興茶園」。

天津地區還有「茶樓四軒」——天會軒、四合軒、三德軒和東來軒，則以評書、鼓曲為主。演出多為女藝人，內容相對低俗。

一九〇〇年，八國聯軍攻占天津，局勢混亂，茶園受到衝擊。一九〇八年光緒帝、慈禧太后相繼過世。百日內，全國上下禁樂器、禁止穿著綵衣。茶園戲曲演出不得不終止，而不受國製約束的租界內茶園趁此發展起來。

租界地帶商業區取代了侯家後等傳統商業區，租界區茶園興起，而位於侯家後等地的四大茶園漸趨衰落。二十世紀三〇年代左右，天津地區的劇院發展起來，特別是勸業場地帶戲院廣布。相對於茶園，新式戲院的演出條件更適於戲曲表演，也更能吸引觀眾，戲院劇場逐漸代替了往日的茶園。

二、政治氣息濃郁的寓公宴飲

飲食社會交往受社會環境的影響。晚清民國時期天津地區的中外各派系力量相互鬥爭，使此時的各種宴飲活動承載了更多的社會功能，充滿著濃郁的政治氣息。上流社會在宴飲中運籌著各種政治砝碼與利益。

一八七九年李鴻章設宴款待卸任的美國總統格蘭特及法、德、俄等國公使。席面豐盛異常，中西合璧，宴請從中午一直進行到下午。其目的是讓格蘭特等斡旋日本吞併琉球島和沖繩事件。

溥儀寓居張園期間，各國租界的領事和駐軍司令與其都保持著密切聯繫，經常宴請他。津門的著名人士也經常宴請溥儀。無非是利用溥儀的末代皇帝身分獲取政治資本。溥儀常偕婉容赴宴，二人還經常出入「利順德」等高檔飯店。婉容生日時大擺宴席，津城各界人士到場祝賀。被冷落的末代皇妃文繡無法忍受，出走張園，釀成了震驚中外的末代皇妃離婚事件。

復辟派張勳在天津地區期間，盛宴款待各國來賓。以前清遺老自居的鄭孝胥經

常出入「松竹樓」「百花村」「致美齋」等飯館與各界人士接洽，在飯局中積極籌劃溥儀復辟。而反對復辟的梁啟超則在寓所「飲冰室」的客廳裡接待胡適、嚴復、張伯苓、嚴范孫、梁漱溟等文化名人，積極謀劃反對溥儀復辟和袁世凱稱帝。

一九二三年，天津地區大買辦高星橋在新宅宴請曾任北洋水師總教習的德國人漢納根。他以天津地區最著名的「義合成」飯莊酒席八八席（64樣菜）來宴請這位讓他發跡的德國人。

一九二四年十二月孫中山先生應馮玉祥之邀乘船北上，途經天津地區時，在天津地區休息數日。此間寓居天津地區的民國總統黎元洪曾設宴招待孫中山和夫人宋慶齡，孫中山突然發病不能前往，由宋慶齡代表出席。一九二六年，世界青年會組織代表來津，約有兩千人，黎元洪熱情接待，為每人備一份茶點。他還接待過美國木材大王羅伯特、英國報業鉅子北岩公爵、美國鋼筆大王派克、天津地區海關稅務司德璀琳等。天津地區名士嚴范孫、盧木齋等人也是黎家常客。黎元洪分期分國籍地宴請一些客人，所請客人包括外國總領事，副領事，駐軍的各級軍官，租界工部局的一些負責人，以及外國公司和銀行的經理等。

在津的本國軍政要員及社會各界名流，在春節時還邀請京劇名角和雜耍藝人前來演出。同黎元洪一樣對京劇入迷的北洋政府交通總長張志潭也常宴請賓客。天津地區名店「登瀛樓」的匾額就出自張志潭之手。題匾的條件是該樓的名廚師要將做全桌酒席的技藝傳授給三夫人。張志潭家有六名中餐廚師，一名西餐廚師。他喜愛京劇，經常請「四大名旦」梅蘭芳、程硯秋、荀慧生、尚小雲到家裡做客，請他們吃魚翅全席，聽他們清唱。

民國時期，天津的寓公有的是前清皇帝親王、遺老遺少，有的身為民國總統或軍政要員。他們曾手握重權，也刻意結交權貴。這些人寓居天津期間或韜光養晦，或安養晚年。在眾多寓公的公館內都設有製作中西菜餚的多個廚房，寓公們在家裡接待中外友人。在一次次的推杯換盞中，完成各自心中的政治目的。

第十六章　中華人民共和國時期

一九四九年，天津地區解放。中華人民共和國建立後，天津地區飲食進入平民化歷史時期。飲食行業以為人民服務為宗旨健康發展。二十世紀五〇年代後期，一系列政治運動嚴重衝擊著飲食行業和人們的飲食生活，至「文化大革命」達到頂峰。「文化大革命」之後，國家撥亂反正，讓飲食文化回歸正常發展軌道。一九七八年的改革開放結束了「以階級鬥爭為綱」的歷史，極大地解放了生產力，使飲食文化獲得了極大的發展。二十世紀九〇年代市場經濟時期，天津地區的城市鄉村都步入快速發展時期，飲食文化也快速發展。隨著國內外市場與文化的激烈競爭，改革轉型成為時代課題。

第一節　食物結構與飲食原料的生產

「五穀為養，五果為助，五畜為益，五菜為充。」「氣味合而服之，以補精益氣」，這兩句出自《黃帝內經・素問》的食養名言，成為我國食物結構的指導思想。千百年來人們遵循著以五穀為主食、以肉蛋果蔬為副食的食物結構，天津地區也不例外。科學的食物結構指導著飲食原料的生產。

一、主食與糧食作物種植

天津地區屬於華北地區，自古就是麥產區。新中國成立後主要糧食作物有小麥、水稻、玉米等。截至一九八六年，小麥面積位居農作物第一。天津地勢低窪、河道眾多的地理環境也適於稻作生產。新中國成立後，這裡大力發展「小站稻」等優良品種，另外也種植玉米、小米、豆類、高粱、紅薯等雜糧。天津地區名吃「貼餑餑熬小魚」「煎餅果子」等就是以玉米為主料。

天津地區的主食主要是饅頭、各種麵餅、油鹽花捲、玉米窩頭、貼餑餑（玉米麵的餅子，貼在鍋上烤熟）、白米飯、黃米飯等。主副一體的有包子、餡餅、煎餅

果子等。天津地區麵點小吃發達，以「津門三絕」為代表的風味小吃享譽國內外。各種米麵食品及小吃可達百餘種。

二、副食與蔬菜瓜果種植

新中國成立以後，天津地區種植業體現了城市農業的特點，在以糧食種植為主的同時，大力發展蔬菜瓜果種植，保障城市發展對飲食的需要。蔬菜作物種類主要有葉菜、根莖菜、瓜菜、水生蔬菜和食用菌類等，品種十分豐富。

二十世紀五〇年代，天津地區的各農業區縣科學耕作並引進良種，提高了作物畝產量，改善了作物品質，也增加了新的果蔬品種。據不完全統計，天津地區的主要蔬菜品種有：白菜30種、黃瓜17種、結球甘藍（又名捲心菜）9種、茄子9種、韭菜8種、辣椒21種等。除了青麻葉核桃紋白菜、黃皮荸薺扁蔥頭、沙窩蘿蔔、衛韭四大傳統名菜外，還有豆角、西紅柿、王家淺心里美蘿蔔、天鷹椒、五葉齊大蔥、薊縣八仙菜、小冬瓜等，是為蔬中佳品。天津還引進了荷蘭花柳菜、捷克石刁柏、青皮紅嘴雁豇豆、荷蘭豆、荷蘭雪球、法國菜花等國外名菜，以及日本富士蘋果、美國巨峰葡萄、西洋柿子、日本富友柿子、韓國板栗等國外水果。

白菜是天津人越冬的主菜。家庭流行醃菜，如醃芥菜頭、芥菜秧子、蘿蔔、白菜等。其中「醃五花菜」廣受歡迎。醃五花菜就是把胡蘿蔔、青蘿蔔、芹菜、白菜等切成丁，加鹽和花椒醃製，一週後即可食用，吃時可加香油少許。「醃出青黃紅白綠，嚼出宮商角徵羽」，這副對聯就生動地反映出醃五花菜的多樣色澤與入口後的聲響。

三、副食與畜禽水產養殖

新中國成立後尤其是二十世紀八〇年代，規模化工廠養殖使養殖業發展迅速。養殖業包括飼養畜、禽，以及淡水與海水水產養殖，為天津地區提供了充足的肉食

原料。

其中畜禽類有：豬、黃牛、奶牛、綿羊、山羊、奶山羊、馬、驢、騾、狗、兔、貂、鹿、雞、鴨、鵝、鴿子、鵪鶉等。

海洋魚類有六十八種，常見水產有黃魚、帶魚、對蝦、毛蝦、晃蝦，以及牡蠣、毛蚶等二十多種。

淡水魚類有六十六種，主要有鯉魚、鯽魚、草魚、魴魚、梭魚、鱖魚、鯿魚等。還有紫蟹、銀魚等傳統名產。淡水蝦類有：大青蝦、白蝦、草蝦等。

天津地區的人們偏愛魚鮮，春吃晃蝦、大對蝦、海蟹、黃花魚、河豚（西施乳）；夏吃鱠魚、比目魚；秋吃鱖魚、刀魚、河蟹、秋蝦錢；冬吃銀魚、紫蟹、鯉魚、鯽魚等，這是天津人獨有的口福。

到二十世紀八〇年代末，為適應城市快速發展的需要，建成了一些蔬菜瓜果種植基地和畜禽水產養殖基地，其中禽蛋基地年供應十一萬噸、商品淡水魚年生產二點三八萬噸、豬肉供應基地年存欄一一六萬頭。

第二節 「政治掛帥」時期

一、憑票吃飯和大食堂

一九四九年天津解放，天津市軍事管制委員會按照「各按系統，自上而下，原封不動，先接後管」的方針接管了鹽、油、麵、糖等與飲食有關的商業。這一年，城市糧油麵等供應緊張，一九五〇年春節，為了保證市民能吃上過年餃子，市內四八〇多家私營米糧鋪代售麵粉，每人限購五斤。一九五三年糧米麵的配售制改為計劃供應，以戶定量核實供應。

按照「有啥吃啥」的原則，城市供應以玉米、高粱米、紅薯為主，而大米、麵粉等細糧較少。廣大市民一年之中吃得最多的是玉米餅子、窩頭、高粱飯、紅薯乾

等主食，喝玉米粥、高粱粥等。細糧製作的米飯、饅頭等一般給家庭主要勞動者和孩子吃。一九六○年到一九六二年的三年困難時期，老人嬰兒也只能吃小米或米渣做的稀飯，主要勞動者吃用高粱、麩皮、豆子、紅薯混合而成的雜糧飯。此後一直到「文化大革命」期間，廣大市民的生活條件沒有什麼改善，甚至到了以瓜菜代飯的地步。二十世紀五○年代，城市供應實行了票證制度。一九五五年，天津市規定大餅、燒餅、饅頭、麵條、麵包等37種主食只能憑糧票購買；包子、餃子、鍋貼、糕點等限量購買，只許在飯館裡吃，不許帶回家。一九五七年發行的麵粉票可以購買麵粉和熟食。一九六○年規定，包括飯館、糕點店裡的一切飯菜副食一律憑糧票

◀圖16-2 1958年天津武清大頓邱人民公社某隊食堂的社員吃早飯（天津網-數字報刊）

購買。

　　一九五八年，全國農村開展「人民公社化」運動，天津地區的鄉村，家家戶戶不再起火做飯。在「吃飯不花錢，努力搞生產」的宗旨下，所有公社社員都去吃人民公社的大食堂。起初是一日三餐吃飯不限量，飯菜花樣較多，後來入不敷出，變為一乾二稀（即一日三餐中，有一頓是乾糧，其餘兩頓只有稀的），定量打飯。

二、由公私合營到國營

　　新中國成立初期，政府扶持手工業的發展。扶持政策惠及飲食行業的私營店鋪和流動商販。一九五五年年底，飲食行業實行「社會主義改造」。把企業按性質分為國營、公私合營、集體和個體，流動攤點中多為個體成分。形成了遍布街頭巷尾的飲食網點，當時曾有「三步一攤，五步一點」的說法。

　　一九五六年，蔬菜市場完全由國營瓜菜棧控制，下設門市部，經營蔬菜副食。在國營控制、統購包銷的蔬菜銷售制度下，國營飯店原料供應充足，私營和個體不容易購買原料。一九五六年社會主義改造完成後，飲食行業幾乎全是國營體制，而私營者、商販則被當作資本主義剝削階級被取締了。國營飯店、糕點店、小吃店等經營沒有自主權。這些作法在新中國成立之初的歷史條件下有一定的合理性，但過分強調了政治因素，忽略了經濟發展規律，因此很快就出現了經營模式單一、飲食品種單調、缺乏活力等問題。此時飲食網點銳減，一些傳統風味食品停產。一九六〇年糾偏時期曾有所恢復，但很快被「文化大革命」中斷。

　　新中國成立以後，國營的天津糖業果品公司、天津茶葉公司等專營公司也相繼成立。一九六〇年合併為天津市糖果菸酒公司，統管菸酒糖茶等的採購銷售。瓜果購銷歸一九六四年更名的天津果品公司經營。飲食原料有計劃地重點供應。

三、重要的招待機構

　　新中國成立後，天津市為接待中央、省市各級領導和國內外重要賓客，設立了專門的招待機構。這些機構只負責市委市政府安排的接待任務，不對外營業。在天津飲食行業選調了一批技術精湛的名廚為貴賓服務，廚師們把接待當作政治任務，高度認真地來完成。這些招待機構主要有天津市招待處、新港海員國際俱樂部、天津市幹部俱樂部、天津市人民政府睦南道招待所。

　　「天津市招待處」的前身是河北省委招待處（當時天津是河北省省會），一九六八年更名為天津市招待處。因為用於接待國賓、黨和國家領導人，被譽為「天津釣魚台」。

　　「新港海員國際俱樂部」始建於二十世紀五〇年代，以接待國際賓客著稱，在東南亞享有很高的聲譽，也接待過朱德、羅瑞卿、班禪大師等數十名中央領導。

　　「天津市幹部俱樂部」原址為一九二五年英國人建造的「鄉誼會」。一九五一年由天津市政府代管，定名為「天津市幹部俱樂部」，主要接待中央領導、外國元首或來津訪問的代表團。中餐以淮揚菜、川菜為主，西餐以英、法大菜為主。這裡曾接待過毛澤東、周恩來、劉少奇、鄧小平等國家領導人。

◀圖16-3 天津市「幹部俱樂部」

一九五一年天津市政府把著名的孫震方故居改為「天津市人民政府睦南道招待所」，專門接待中央及省市各級領導和貴賓。一九六九年改名「天津市第二招待所」。這裡接待過毛澤東、周恩來、劉少奇、朱德等來津的中央首長，以及柬埔寨元首西哈努克親王等。這裡彙集了一批造詣高超的名廚，如趙錫元、崔學寶、侯福、王振清、賈萬俊、喬好文、王棟等，他們有的擅長麵點、西餐，有的擅長做高檔海鮮或川魯粵揚名菜，個個身懷絕技，如一分鐘能切出一斤鮮肉絲來，兩分鐘能完成整雞脫骨且骨不帶肉，受到國家領導人及外賓的高度讚賞。

四、政治運動的影響

天津地區的社會主義改造完成以後，又迎來了新的政治運動，經濟發展一直處在政治運動的左右下。

一九五六年開始的「整風反右」運動後期擴大化，全市有五千多人被戴上「資產階級右派」的帽子。一九六三年全國開展「社會主義教育運動」，天津全市上下開展「五反四清」和社會主義教育運動。反對鋪張浪費，提倡艱苦樸素和粗茶淡飯的生活方式。至此，近代以來各具特色的酒樓飯莊、飲食攤點不再存在，取而代之的是人民食堂。

一九六六年，文革伊始就開展了轟轟烈烈的「掃四舊」運動，勒令菸酒糖茶等商店停業。歷史遺留之物統歸為「四舊」，一些明清以來尤其是近代以來的飲食名店遭到改名。天津地區食品三絕之一的「耳朵眼炸糕店」改名「文革炸糕店」，「桂發祥麻花」牌匾被拆毀，不准經營。一批曾在近代飯莊、公館、飯館等飲食場所工作的老廚師慘遭迫害，記錄美味佳餚製作的食譜等書籍被焚燒。一些技術過硬的名廚被當作走「白專道路」的「反動權威」典型遭批鬥。他們傳承積累的飲食文化成果也成為批鬥內容。有著美食經歷的公館主人、實業家、買辦、幹部及其後代在文革中更是命運悲慘。一些體現傳統飲食文化的場所、傳承人及一些物品受到嚴重摧殘。

傳統飲食文化發展的中斷和遭到批判有其深刻的社會原因。從戰爭中剛剛走出來的新中國政權物質基礎薄弱，百廢待舉。但在發展經濟、社會治理方面卻又經驗不足，抵禦天災人禍的能力不強。儘快建設發達社會主義的冒進思想導致了不切實際的政策出臺與實施，違背了經濟發展的規律，進而發展成極端思想，最終導致災難深重的「文革」發生，造成重大的文化損失。

第三節　恢復發展時期

「文革」結束後，黨和政府緊張有序地進行撥亂反正工作，天津地區飲食文化隨之逐步恢復發展。一九七八年召開的十一屆三中全會，是中國發展史上帶有里程碑標誌的重要會議，自此結束了「以階級鬥爭為綱」的年月，把戰略重點轉移到經濟建設方面來，使中國獲得了前所未有的發展機會。

一、飲食市場的恢復和發展

在重點搞經濟建設的一系列新思想指導下，天津地區的飲食市場得以大力恢復，政府首先解決了群眾早點難的問題。到一九七九年飲食網點已經恢復到820個，在各處設立了飲食售賣亭和流動車。南市、小白樓、北大關、西站、東站、郭莊子等地形成了集中的飲食市場10餘處，並形成了中山路、南門外大街、大沽南路、北馬路四條飲食街，恢復了魯、川、蘇、粵、閩、京、晉等外地風味。地方小吃恢復到120多種。

二十世紀八〇年代初期，天津地區飲食行業順應發展形勢，實行了承包經營責任制，極大地調動了幹部職工的積極性。主管部門積極出臺發展措施：「所需原材料價格優惠、保證供應；准許外地飲食行業開店經營；國營、集體、個人三種力量一起辦餐飲；發展飲食專業市場和飲食街；開辦烹飪學校和培訓班，培養餐飲人

才；整修年久失修老店鋪。」[1]這些措施有效地促進了飲食行業的發展。一九八一年全市飲食行業營業額是1.4億元，同比一九七八年增長了32%。一九八五年新建了美善酒樓、華夏酒樓、天津飯莊三家豪華餐館，改建裝修了川魯飯店、鴻賓樓、全聚德、起士林、紅橋、淮陽、東昇樓等飯莊。天津飲食公司下屬餐館攤點分為甲級餐館、乙級餐館、丙級餐館、早點鋪和小吃店五個類別。一九八二年的甲級餐館有登瀛樓、全聚德、狗不理等22家，都是特色風味飯莊。自此天津地區的餐飲業又迎來了發展的春天。

二十世紀八〇年代末，全市共有各類飲食店鋪1.5萬多戶，從業人員達到5萬多人。為了滿足中外飲食消費者的需求，飲食企業還與香港地區、日本、新加坡、美國等海外企業合資，開辦了具有海外風味的餐館。

二、建造南市食品街

一九八四年，南市食品街開建，歷時兩年，一九五八年元旦盛大開業。這是為了恢復和發展天津地區飲食傳統名店名吃，滿足改革開放以來天津地區市民和國內外遊客的飲食需求而建立的美食街。當時在國內形成極大影響，各地慕名者紛紛來此，絡繹不絕。

食品街的四座門樓上各有一塊牌樓門匾，南為「振羽」門，西為「興歌」門，北為「中聖」門，東為「華腴」門，四個門的字首聯起來即為「振興中華」。門匾字體分別選自書法家顏真卿、柳公權、歐陽詢、趙孟頫的碑帖。牌樓名稱的含義是「振興迎賓」「興歌起舞」、「中聖醉酒」和「華腴美味」。各大名店的匾額也是名家書法薈萃，食品街內雲集了李霽野、方紀、趙半知、啟功、溥佐、趙樸初、王學仲、王頌餘、華非、沙孟海等三十餘位名家的書法。這些風格各異的書法為食品街營造了高雅的文化氛圍。

1　朱其華：《天津全書》，天津人民出版社，1992年，第276頁。

▲圖16-4 天津「南市食品街」

街內有餐館31家、風味小吃26家、食品店26家。聚慶成、會芳樓、狗不理、耳朵眼、石頭門檻素包、果仁張、起士林、蓬萊春、晉陽飯莊等清代以來的津城名店入駐食品街。「桂發祥」什錦大麻花、「大福來」鍋巴菜、「陸記」燙麵炸糕、「明順齋」油酥燒餅、「芝蘭齋」糕乾、天津抻條麵、油炸素卷圈、三鮮鍋貼、麵茶、水爆肚等名吃重新開業迎客。得月樓、御膳園、鹹亨酒店等經營魯、蘇、川、粵、豫、晉菜的南北飲食名店也在食品街開張。食品街不僅恢復了傳統名店名吃而且舊店換新顏。天津食品街以磅礡的氣勢，為天津的食品展示與傳播取得了令人矚目的規模效應。

三、成立協會，興辦教育，編寫菜譜

改革開放後的一九八五年，天津市烹飪協會成立。協會成立以來，以推動天津地區烹飪事業發展為宗旨，進行了多項活動，他們深入開展烹飪理論和飲食文化研究；蒐集整理烹飪資料，開展學習交流活動；組織各種烹飪大賽；組織技術培訓等。

自二十世紀八〇年代初，天津市飲食公司就每年組織一次評優活動。一九八五年，他們把一年一度的市辦優質食品評比展銷會改為每區辦一個，參加評展，同時

舉辦名菜評比展銷。一九八七年，在市領導的主持下，天津市舉行了「群星杯」津菜烹飪大賽。充分展示了津菜發展狀況，以及行業廚藝人員的技術水準。

這些賽事的舉行引入了行業競爭，產生了一批名菜、名點、名廚。一些老字號、老廚師連連登榜。尤其是被譽為「天津食品三絕」的狗不理包子、耳朵眼炸糕、桂發祥麻花等在各項賽事中不斷提高知名度。

「文革」結束後，天津市逐步恢復和發展了烹飪培訓和專業教育。

一九七八年，天津市飲食服務學校更名為天津市第二商業學校，由中等專業技術學校升格為中等專業學校，開展烹飪學歷教育。一九八五年成立天津市職工烹飪專科學校，培養從事烹飪實踐與理論的高級人才。一九八六年，天津商學院（今天的天津商業大學）在全國首創了餐旅企業管理系。該系烹飪教研室的教師們致力於建立比較完整的高等烹飪教育和研究體系。培養出不同級別的烹飪專門人才，適應了天津地區餐飲業發展的人才需要。

改革開放以來，天津烹飪名師們迎來了事業發展的春天。他們紛紛總結經驗，創新菜餚製作。為了讓個人經驗得到廣泛的傳播，天津市烹飪協會和天津市

▲圖16-5　《天津菜譜》圖書封面（天津第二商業學校圖書館提供）　　▲圖16-6　《天津麵點小吃》圖書封面（天津第二商業學校圖書館提供）

地區飲食文化的書，該書不僅總結了天津地區傳統名菜、麵點小吃、美食文化，還為天津地區的廚師立傳。廚師是菜餚文化創造和傳承的主要力量，天津地區飲食文化的發展離不開歷代廚師的艱辛苦勞。

隨著飲食文化研究的深入開展，研究者們認為有必要成立飲食文化研究組織。二○○五年，天津市食文化研究會成立，其宗旨是發掘、整理、研究及弘揚、推廣與交流飲食文化，是天津飲食文化研究的重要平台。

❷「五味調和」，調和「天地人」

飲食文化研究者們以「五味調和」「醫食同源」等飲食思想為指導，對天津地區的飲食進行了系統性的研究。研究發現天津地區的飲食無論是菜餚還是主食小吃，很少能找到單一原料烹飪而成的個例。天津地區菜點中，幾乎每一道都是用兩種或兩種以上原料烹製而成。這種烹飪傳統使得天津地區菜點製作方法多樣，還創造出地方特色技法。原料的多樣化和多種技法並用是受中國飲食文化「和」的思想影響而形成的傳統。

原料的多樣化並非任意的組合搭配，多種技法並用也並非只為把烹飪變得複雜，而是圍繞色、香、味、形、器而設計的。這種設計，滿足的是人們飲食審美心理的需要。「五味調和」是運用調味工藝與調味品使菜餚中的「酸甜苦辣鹹」五種基本味道達到「致中和」的境界，人們在食用過程中能保持平和的心境。

「中和」是中國的哲學思想，飲食文化中的「和」不僅是味道的中和，也包括飲食環境的和諧，飲食過程中人們關係的和諧。清代的「八大成」，近代的清真「十二樓」和現代的餐飲集團都是重視飲食環境的設計，營造出獨具特色的飲食文化氛圍，就是讓人們置身於和美的飲食氛圍中。「禮之用，和為貴」，天津地區的飲食禮儀通過約定俗成的飲食程序來維護「尊卑有別、長幼有序」的社會倫理關係，維持「和合」的人際關係。天津祭祀鹽姥、天后的美食和進獻程序也是求得人神關係的「和合」。主食、飲品、菜餚絕大多數取自本地食材，保持著「應季而食」的傳統，這是為了保持人與自然生態的和諧關係。

因此，「五味調和」受「陰陽五行」哲學學說的影響產生的中國飲食思想，「五味調和」由調和菜餚的味道延伸到飲食禮俗調和人際關係、調和人與自然的關係、調和人與天神的關係。因此可以說，「和」是中國飲食文化的一種重要思想。

四、飲食文化的發展與傳承

當今時代，天津地區飲食文化持續發展，並且越來越受到餐飲企業的重視。各企業都在努力打造符合市場發展需求的特色企業飲食文化，充分發掘在菜餚製作、氛圍營造、經營管理等方面的文化內涵，提高企業的文化競爭力。如，麵茶、茶湯等風味小吃活躍在古文化街上，彰顯市井文化的魅力。天津菜館推出了「八大碗」等傳統津菜，引出一段段歷史的鉤沉。天津會賓園酒店仿古菜點與餐飲環境再現了古代飲食文化。1618清真公館、36號別墅酒店等特色餐廳展示了近代天津地區飲食風情。咱家大食堂、老知青燒麥（賣）館等勾起了人們對特殊歷史階段飲食生活的回憶。

不僅餐飲企業重視飲食文化，而且天津社會各界也越來越關注天津飲食文化的傳承與發展。「近代公館菜」受到社會的重視。二○一一年五月，今晚報社和市商務委共同舉辦了「探尋美食傳奇——天津公館私家菜大型文化探尋之旅」活動，引起了天津社會各界的熱烈反響。天津社會科學院研究員羅澍偉教授指出，「該活動對於繼承發展天津餐飲文化有著里程碑式的意義，將歷史留給天津的公館私家菜進行搶救、挖掘、整理和弘揚，對豐富天津非物質文化遺產也有非常重要的意義。」[1]

總之，天津地區飲食文化是在幾千年的歷史發展過程中發展起來的地域飲食文化。二十世紀中後期以來，天津地區飲食文化面臨著如何在國內外競爭加劇的發展形勢下繼續保持生命力的問題。

首先是如何在同其他省市飲食文化競爭中保持優勢，其次是怎樣應對發達國家

1　吳薇、鄭妍：《天津公館私家菜復原展舉行》，《今晚報》，2011年12月28日第7版。

▶圖16-7 1618清真公館

飲食文化的挑戰。要保持生命力，不僅要保住國內市場的占有率，而且要主動參與國際市場的競爭。全球化進程正在加快，飲食文化也無法脫離這一發展進程。保持和加強地域特色與民族特色，成為天津地區飲食文化在國內外競爭中要解決的問題。

　　保持和加強地域特色，就要加強飲食文化的總結與傳承，保護好寶貴的飲食文化遺產，傳承飲食傳統。創新是飲食文化發展的強大動力，但是創新需要在總結飲食文化發展的基礎上進行，否則就是無源之水，盲目創新。保持和加強地域特色並非復古或者保守。歷史證明，天津地區飲食文化具有包容性、開放性。要加強同國內外的交流，積極吸取外來先進元素，賦予飲食文化新的生命力。同樣，保持民族特色就是在發展過程中不要盲目模仿國外，拋棄文化之根，要在競爭中學習先進，提升自己的特色。

參考文獻※

北京部分

一、古籍文獻

〔1〕劉昫・舊唐書・北京：中華書局，1975・

〔2〕脫脫，等・金史・北京：中華書局，1975・

〔3〕忽思慧・飲膳正要・北京：人民衛生出版社，1986・

〔4〕佚名・居家必用事類全集・北京：書目文獻出版社，1988・

〔5〕熊夢祥・析津志輯佚・北京：北京古籍出版社，1983・

〔6〕馬可・波羅・馬可・波羅行紀・馮承鈞，譯・上海：上海書店出版社，1999・

〔7〕劉若愚・酌中志・北京：中華書局，1985・

〔8〕沈榜・宛署雜記・北京：北京古籍出版社，1980・

〔9〕劉侗，於奕正・帝京景物略・北京：北京古籍出版社，1982・

〔10〕富察敦崇・燕京歲時記・北京：北京古籍出版社，1981・

〔11〕於敏中，等・日下舊聞考・北京：北京古籍出版社，1981・

〔12〕震鈞・天咫偶聞・北京：北京古籍出版社，1982・

〔13〕李家瑞・北平風俗類征・上海：商務印書館，1937・

二、現當代著作

〔1〕王燦熾・北京史地風物書錄・北京：北京出版社，1985・

〔2〕胡樸安・中華全國風俗志・影印本・上海：上海書店出版社，1986・

〔3〕林乃燊・中國古代飲食文化・北京：中共中央黨校出版社，1991・

〔4〕魯克才・中華民族飲食風俗大觀・北京：世界知識出版社，1992・

〔5〕曹子西・北京通史（十捲）・北京：中華書局，1994・

※ 編者註：本書「參考文獻」，主要參照中華人民共和國國家標準GB/T 7714-2005《文後參考文獻著錄規則》著錄。

〔6〕那木吉拉・中國元代習俗史・北京：人民出版社，1994・

〔7〕李路陽・中國清代習俗史・北京：人民出版社，1994・

〔8〕張京華・燕趙文化・瀋陽：遼寧教育出版社，1995・

〔9〕李桂芝・遼金簡史・福州：福建人民出版社，1996・

〔10〕馬芷庠・老北京旅行指南・北京：北京燕山出版社，1997・

〔11〕於德源・北京農業經濟史・北京：京華出版社，1998・

〔12〕苑洪琪・中國的宮廷飲食・臺北：臺灣商務印書館，1998・

〔13〕愛新覺羅・瀛生，等・京城舊俗・北京：北京燕山出版社，1998・

〔14〕趙榮光・滿漢全席源流考述・北京：崑崙出版社，2003・

〔15〕王學泰・中國飲食文化史・桂林：廣西師範大學出版社，2006・

〔16〕王茹芹・京商論・北京：中國經濟出版社，2008・

〔17〕李寶臣・北京風俗史・北京：人民出版社，2008・

〔18〕柯小衛・當代北京餐飲史話・北京：當代中國出版社，2009・

〔19〕萬建中・中國飲食文化・北京：中央編譯出版社，2011・

天津部分

一、古籍文獻

〔1〕周禮譯註・楊天宇，譯註・上海：上海古籍出版社，2004.

〔2〕禮記譯註・楊天宇，譯註・上海：上海古籍出版社，2004.

〔3〕儀禮譯註・楊天宇，譯註・上海：上海古籍出版社，2004.

〔4〕尚書今譯今注・楊任之，譯註・北京：北京廣播學院出版社，1993.

〔5〕管子註譯・趙守正，註釋・南寧：廣西人民出版社，1982.

〔6〕春秋左傳注・楊伯峻，注・北京：中華書局，1995.

〔7〕不著撰人・黃帝內經・北京：中醫古籍出版社，2007.

〔8〕班固・漢書・顏師古，注・北京：中華書局，1962・

〔9〕史游・急就篇注・顏師古，注・長沙：岳麓書社，1989・

〔10〕氾勝之・氾勝之書校釋・萬國鼎，校釋・北京：中華書局，1957.

〔11〕崔寔・四民月令校釋・石聲漢，校釋・北京：中華書局，1965.

〔12〕陳壽・三國志・北京：中華書局，1964.

〔13〕范曄‧後漢書‧北京：中華書局，1965.

〔14〕酈道元‧水經注全譯‧陳橋驛，譯註‧貴陽：貴州人民出版社，1996.

〔15〕賈思勰‧齊民要術校釋‧石聲漢，校釋‧北京：中華書局，2009.

〔16〕楊衒之‧洛陽伽藍記校釋‧周祖謨，校釋‧北京：中華書局，1963.

〔17〕崔鴻‧十六國春秋緝補‧湯球，緝補‧王魯一，王立華，點校‧濟南：齊魯書社，2000.

〔18〕魏收‧魏書‧北京：中華書局，1974.

〔19〕魏徵，令狐德棻‧隋書‧北京：中華書局，1973.

〔20〕李延壽‧北史‧北京：中華書局，1975.

〔21〕李泰‧擴地志輯校‧賀次君，輯校‧北京：中華書局，1980.

〔22〕孫思邈‧千金方‧北京：華夏出版社，2001.

〔23〕孟詵‧食療本草譯註‧鄭金生，張同君，譯註‧上海：上海古籍出版社，1992.

〔24〕封演‧封氏見聞記校注‧趙貞信，校注‧北京：中華書局，1958.

〔25〕杜甫‧杜甫詩選‧鄧魁英，聶石譙，選譯‧海口：南海出版社，2005.

〔26〕王燾‧外台秘要‧北京：人民衛生出版社，1955.

〔27〕杜佑‧通典‧北京：中華書局，1988.

〔28〕咎殷‧食醫心鑑‧上海：上海三聯書店，1990.

〔29〕陶穀‧清異錄注‧李益民，註釋，北京：中國商業出版社，1985.

〔30〕劉昫‧舊唐書‧北京：中華書局，1975.

〔31〕歐陽修，宋祁‧新唐書‧北京：中華書局，1975.

〔32〕蘇軾‧蘇軾詩集‧王文誥，輯錄‧北京：中華書局，1982.

〔33〕葉隆禮‧契丹國志‧賈敬顏，林榮貴，點校‧上海：上海古籍出版社，1985.

〔34〕徐夢莘‧三朝北盟會編‧上海：上海古籍出版社，1987.

〔35〕脫脫，等‧宋史‧北京：中華書局，1977.

〔36〕脫脫，等‧遼史‧北京：中華書局，1974.

〔37〕脫脫，等‧金史‧北京：中華書局，1975.

〔38〕王禎‧農書‧北京：中華書局，1956.

〔39〕無名氏‧居家必用事類全集‧邱龐同，譯註‧北京：中國商業出版社，1986.

〔40〕宋濂‧元史‧北京：中華書局，1976.

〔41〕賈銘‧飲食須知‧北京：人民衛生出版社，1988.

〔42〕李時珍‧本草綱目‧齊豫生，夏於全，編‧長春：吉林攝影出版社，2002.

〔43〕蘭陵笑笑生·金瓶梅·戴鴻森，校點·北京：人民文學出版社，1985.

〔44〕徐光啟·農政全書·石聲漢，校注·上海：上海古籍出版社，1979.

〔45〕顧祖禹·讀史方輿紀要·賀次君，施和金，點校·北京：中華書局，2005.

〔46〕張廷玉·明史·北京：中華書局，1974.

〔47〕薛柱斗·新校天津衛志·臺北：臺北成文出版社，1968·

〔48〕李衛·畿輔通志·石家莊：河北人民出版社，1985.

〔49〕朱奎楊，汪沆·天津縣志·刻本·1739（清乾隆四年）.

〔50〕程鳳修，吳廷華·天津府志·刻本·1739（清乾隆四年）.

〔51〕吳惠元·續天津縣志·刻本·1870（清同治九年）.

〔52〕華聽橋·津門紀略·影印本·1898（清光緒二十四年）.

二、現當代著作

〔1〕英斂之·英斂之先生日記遺稿·方豪，編·臺北：文海出版社，1947.

〔2〕《天津概況》編輯委員會·天津概況·天津：天津人民出版社，1966.

〔3〕天津師範學院地理系·天津農業地理·天津：天津科學技術出版社，1981.

〔4〕天津文物管理處·津門考古·天津：天津人民出版社，1982·

〔5〕譚其驤·中國歷史地圖集：第二冊·北京：中國地圖出版社，1982.

〔6〕天津民間文藝研究會·天津風物傳說·天津：百花文藝出版社，1984·

〔7〕谷書堂·天津經濟概況·天津：天津人民出版社，1984·

〔8〕方放·天津南市食品街·天津：天津科學技術出版社，1985·

〔9〕天津人民出版社·天津風物志·天津：天津人民出版社，1985·

〔10〕繆志明·天津風物詩選·天津：天津文史研究館，1985·

〔11〕中國航海史研究會《天津港史》編輯委員會·天津港史·北京：人民交通出版社，1986·

〔12〕天津飲食公司烹飪技術培訓中心編寫組·津門小吃·天津：天津科學技術出版社，1986·

〔13〕高振農·中國佛教·上海：上海社會科學院出版社，1986·

〔14〕張燾·津門雜記·天津：天津古籍出版社，1986·

〔15〕夏仁虎·舊京瑣記·北京：北京古籍出版社，1987.

〔16〕宋德金·金代的社會生活·西安：陝西人民出版社，1988.

〔17〕丁世良，趙放·中國地方志民俗資料彙編：華北卷·北京：書目文獻出版社，1989·

〔18〕中華傳統食品大全編輯委員會．中華傳統食品大全：天津傳統食品．北京：中國食品出版社，1989.

〔19〕孫大千．天津經濟史話．天津：天津社會科學院出版社，1989．

〔20〕郭蘊靜．天津古代城市發展史．天津：天津古籍出版社，1989．

〔21〕李竟能．天津人口史．天津：南開大學出版社，1990．

〔22〕天津市地方志編纂委員會．天津簡志．天津：天津人民出版社，1991．

〔23〕朱其華．天津全書．天津：天津人民出版社，1991．

〔24〕武清縣地方史志編修委員會．武清縣志．天津：天津社會科學院出版社，1991．

〔25〕天津市飲食公司．中國名菜譜·天津風味．北京：中國財政經濟出版社，1993．

〔26〕羅澍偉．近代天津城市史．北京：中國社會科學出版社，1993．

〔27〕韓根東．天津方言．北京：北京燕山出版社，1993．

〔28〕天津市地方志編修委員會．天津通志：商業志糧食卷．天津：天津社會科學院出版社，1994．

〔29〕尹桂茂主編．津門食萃．天津：南開大學出版社，1995．

〔30〕寶坻縣志編修委員會．寶坻縣志．天津：天津社會科學院出版社，1995．

〔31〕趙永春．奉使遼金行程錄．長春：吉林文史出版社，1995.

〔32〕靜海縣志編修委員會．靜海縣志．天津：天津社會科學院出版社，1995．

〔33〕沈家本，榮銓，徐宗亮，等．天津府志．上海：上海古籍出版社，1995.

〔34〕雷夢水，潘超，孫忠銓，等．中華竹枝詞．北京：北京古籍出版社，1997．

〔35〕中國烹飪百科全書編委會．中國烹飪百科全書．北京：中國大百科全書出版社，1999．

〔36〕天津市津南區地方志編修委員會．天津市津南區志．天津：天津社會科學院出版社，1999．

〔37〕天津市政協文史資料委員會．近代天津十大寓公．天津：天津人民出版社，1999．

〔38〕張仲．天津衛掌故．天津：天津人民出版社，1999．

〔39〕薊縣志編修委員會．薊縣志．天津：南開大學出版社．天津：天津社會科學院出版社，1999．

〔40〕康志傑．基督教的禮儀節日．北京：宗教文化出版社，2000.

〔41〕天津市政協文史資料委員會．近代天津十二報人．天津：天津人民出版社，2001年.

〔42〕林希，趙玫．九方食匯天津衛．北京：學苑出版社，2001.

〔43〕高豔林．天津人口研究．天津：天津人民出版社，2002．

〔44〕天津市和平區地方志編修委員會・天津市和平區志・北京：中華書局，2004・

〔45〕上海書店出版社・中國地方志集成・天津府縣志輯・上海：上海書店出版社，2004・

〔46〕李正中，索玉華・近代天津知名工商業・天津：天津人民出版社，2004・

〔47〕周俊旗・民國天津社會生活史・天津：天津社會科學院出版社，2004・

〔48〕張建星・城市細節與言行──天津600年・天津：天津古籍出版社，2004.

〔49〕近代天津圖志編輯委員會・近代天津圖志・天津：天津古籍出版社，2004・

〔50〕天津市檔案館・天津老戲園・天津：天津人民出版社，2005・

〔51〕天津市地方志編修委員會，天津第二商業集團・天津通志：二商志・天津：天津社會科學院出版社，2005・

〔52〕天津市文史研究館・津沽舊事・北京：中華書局，2005.

〔53〕天津市地方志編修委員會，天津市老城博物館・天津通志：民俗志・天津：天津社會科學院出版社，2006・

〔54〕韓嘉谷・天津古史尋繹・天津：天津古籍出版社，2006・

〔55〕張國慶・遼代社會史研究・北京：中國社會科學出版社，2006.

〔56〕任云蘭・近代天津慈善與救濟・天津：天津人民出版社，2007・

〔57〕許先，郭立久・津派二十八幫菜新說・天津：天津科技翻譯出版公司，2008・

〔58〕李正中，趙黎・近代天津名人故居・天津：天津人民出版社，2009・

〔59〕雷穆森・天津租界史・許逸凡，趙地，譯・天津：天津人民出版社，2009・

〔60〕由國慶・天津衛美食・天津：天津人民出版社，2011・

〔61〕尚潔主・中國民俗大系・天津民俗・蘭州：甘肅人民出版社，2011・

三、期刊、報紙

〔1〕楊平・從地名看天津史地特點・天津師大學報，1982（5）：38-42・

〔2〕徐景星・長蘆鹽務與天津鹽商・天津社會科學，1983（1）：52-58.

〔3〕劉幼錚・春秋戰國時期天津地區沿革考・天津社會科學，1983（2）：64-68.

〔4〕劉致勤・古代天津港的形成與變遷・天津社會科學，1986（4）：94-96.

〔5〕閻承遵・長蘆鹽場沿革概述・鹽業史研究，1991（3）：61-71.

〔6〕胡宗俊・解放前天津商業發展概述・天津商學院學報，1992（2）：60-65.

〔7〕楊益華・正名天津菜・食品與健康，1998（12）：6-7.

〔8〕王鴻業・淺談津菜起源・服務科技，2000（2）：43.

〔9〕袁海濱・三津福主 四海同光──天津天后宮的地域性傳統文化內涵・重慶建築大學學報，2000（4）：43-48.

〔10〕白光・從出土文物看山戎民族的審美觀・文物春秋，2001（3）：21-26.

〔11〕天津市歷史博物館考古部・天津市武清縣蘭城遺址的鑽探與試掘・考古，2001（9）：35-50.

〔12〕德友，高健・崩豆張今昔・人民政協報，2002-08-29（B03）.

〔13〕王兆祥・明清繁榮城市的形成・天津經濟，2003（3）：61-62.

〔14〕王培利・話說明代天津衛・天津經濟，2003（4）：59-60.

〔15〕郭鳳岐・津沽歷史最久的商業街──估衣街・天津經濟，2003（12）：58-59.

〔16〕譚汝為・從地名解讀天津地域文化・遼東學院學報，2005（4）：13-19.

〔17〕郭鳳岐・從先有直沽酒到開壇萬里香・天津經濟，2007（2）：59-16.

〔18〕夏廣華・廣告中的清末社會習俗──以《大公報》為例・湘潮，2007（2）：45-46.

〔19〕劉金明・天津歷史文化發展中的回族因素・黑龍江民族叢刊，2007（3）：84-87.

〔20〕馬曉巍・天津餐飲業發展戰略研究・商業經濟，2008（8）：98-100.

〔21〕張秀芹，洪再生・近代天津城市空間形態的演變・城市規劃學刊，2009（6）：93-98.

〔22〕劉福燕・金代茶俗與文人茶情・中國國情國力，2009（10）：43-44.

〔23〕姚暘・論皇會與清代天津民間社會的互動關係──以天津天后宮行會圖為中心的研究・民俗研究，2010（3）：168-181.

〔24〕蘇莉鵬・天津小洋樓：李贊臣舊居 天津衛"八大家"之一・城市快報，2010-02-15（07）.

〔25〕張天懿，金彥平・天津都市型現代農業發展研究・農業經濟，2011（2）：9-10.

〔26〕郭立珍・近代天津居民飲食消費變動及影響研究──以英斂之日記為中心・歷史教學，2011（6）：20-26.

〔27〕吳薇，鄭妍・天津公館私家菜復原展舉行・今晚報，2011-12-28（07）.

四、學位論文

〔1〕張毅・明清天津鹽業研究1368—1840・天津：南開大學歷史文化學院，2009.

〔2〕李俊麗・天津漕運研究1368—1840・天津：南開大學歷史文化學院，2009.

索引※

※　編者註：本書「索引」，主要參照中華人民共和國國家標準 GB/T 22466-2008《索引編制規則（總則）》
　　編制。

天津部分

價值──中國飲食文化是中華文明的核心元素之一，是中國五千年燦爛的農耕文化和畜牧漁獵文化的思想結晶，是世界先進文化和人類文明的重要組成部分，它反映了中國傳統文化中的優秀思想精髓。作為出版人，弘揚民族優秀文化，使其走出國門走向世界，是我們義不容辭的責任，儘管文化堅守如此之艱難。

李羡林先生說，世界文化由四大文化體系組成，中國文化是其中的重要組成部分（其他三個文化體系是古印度文化、阿拉伯─波斯文化和歐洲古希臘─古羅馬文化）。中國是世界上唯一沒有中斷文明史的國家。中國自古是農業大國，有著古老而璀璨的農業文明，它是中國飲食文化的根基所在，就連代表國家名字的專用詞「社稷」，都是由「土神」和「穀神」組成。中國飲食文化反映了中華民族這不朽的農業文明。

中華民族自古以來就有著「五穀為養，五果為助，五畜為益，五菜為充」的優良飲食結構。這個觀點自兩千多年前的《黃帝內經》時就已提出，在兩千多年後的今天來看，這種飲食結構仍是全世界推崇的科學飲食結構，也是當代中國大力倡導的健康飲食結構。這是來自中華民族先民的智慧和驕傲。

中華民族信守「天人合一」的理念，在年復一年的勞作中，先民們敬畏自然，尊重生命，守天時，重時令，拜天祭地，守護山河大海，守護森林草原。先民發明的農曆二十四個節氣，開啟了四季的農時輪迴，他們既重「春日」的生發，又重「秋日」的收穫，他們頌春，愛春，喜秋，敬秋，創造出無數的民俗、農諺。「吃春餅」「打春牛」「慶豐登」……然而，他們節儉、自律，沒有掠奪式的索取，他們深深懂得人和自然是休戚與共的一體，愛護自然就是愛護自己的生命，從不竭澤而漁。早在周代，君王就已經認識到生態環境安全與否關乎社稷的安危。在生態環境嚴重惡化的今天，在掠奪式開採資源的當代，對照先民們信守千年的優秀品質，不值得當代人反思嗎？

中華民族篤信「醫食同源」的功用，在現代西方醫學傳入中國以前，幾千年來「醫食同源」的思想護佑著中華民族的繁衍生息。中國的歷史並非長久的風調雨順、豐衣足食，而是災荒不斷，迫使人們不斷尋找、擴大食物的來源。先民們既有「神農嘗百草，日遇七十二毒」的艱險，又有「得茶而解」的收穫，一代又一代先民，用生命的代價換來了既可果腹又可療疾的食物。所以，在中華大地上，可用來作食物的資源特別多，它是中華先民數千年戮力開拓的豐碩成果，是先民們留下的寶貴財富；「醫食同源」也是中國飲食文化最傑出的思想，至今食療食養長盛不衰。

中華民族有著「尊老」的優良傳統，在食俗中體現尤著。居家吃飯時第一碗飯要先奉給老人，最好吃的也要留給老人，這也是農耕文化使然。在古老的農耕時代，老人是

農耕技術的傳承者，是新一代勞動力的培養者，因此使老者具有了權威的地位。尊老，是農耕生產發展的需要，祖祖輩輩代代相傳，形成了中華民族尊老的風習，至今視為美德。

中國飲食文化的一個核心思想是「尚和」，主張五味調和，而不是各味單一，強調「鼎中之變」而形成了各種復合口味，從而構成了中國烹飪豐富多彩的味型，構建了中國烹飪獨立的文化體系，久而昇華為一種哲學思想——尚和。《中庸》載「和也者，天下之達道」，這種「尚和」的思想體現到人文層面的各個角落。中華民族自古崇尚和諧、和睦、和平、和順，世界上沒有哪一個國家能把「飲食」的社會功能發揮到如此極致，人們以食求和體現在方方面面：以食尊師敬老，以食饗友待客，以宴賀婚、生子以及陞遷高就，以食致歉求和，以食表達謝意致敬……「尚和」是中華民族一以貫之的飲食文化思想。

「一方水土養一方人」。這十卷本以地域為序，記述了在中國這片廣袤的土地上有如萬花筒一般絢麗多彩的飲食文化大千世界，記錄著中華民族的偉大創造，也記述了各地專家學者的最新科研成果——舊石器時代的中晚期，長江下游地區的原始人類已經學會捕魚，使人類的食源出現了革命性的擴大，從而完成了從矇昧到文明的轉折；早在商周之際，長江下游地區就已出現了原始瓷；春秋時期筷子已經出現；長江中游是世界上最早栽培稻類作物的地區。《呂氏春秋·本味》述於二千三百年前，是中國歷史上最早的烹飪「理論」著作；中國最早的古代農業科技著作是北魏高陽（今山東壽光）太守賈思勰的《齊民要術》；明代科學家宋應星早在幾百年前，就已經精闢論述了鹽與人體生命的關係，可謂學界的最先聲；新疆人民開鑿修築了坎兒井用於農業灌溉，是農業文化的一大創舉；孔雀河出土的小麥標本，把小麥在新疆地區的栽培歷史提早到了近四千年前；青海喇家麵條的發現把我國食用麵條最早記錄的東漢時期前提了兩千多年；豆腐的發明是中國人民對世界的重大貢獻；有的卷本述及古代先民的「食育」理念；有的卷本還以大開大闔的筆力，勾勒了中國幾萬年不同時期的氣候與人類生活興衰的關係等等，真是處處珠璣，美不勝收！

這些寶貴的文化財富，有如一顆顆散落的珍珠，在沒有串成美麗的項鏈之前，便彰顯不出它的耀眼之處。如今我們完成了這一項工作，雕琢出了一串光彩奪目的珍珠，即將放射出耀眼的光芒！

　　編輯部全體工作人員視稿件質量為生命，不敢有些許懈怠，我們深知這是全國專家學者二十年的心血，是一項極具開創性而又十分艱辛的工作。我們肩負著填補國家學術空白、出版空白的重託。這個大型文化工程，並非三朝兩夕即可一蹴而就，必須長年傾心投入。因此多年來我們一直保持著飽滿的工作激情與高度的工作張力。為了保證圖書的精品質量並儘早付梓，我們無年無節、終年加班而無怨無悔，個人得失早已置之度外。

　　全體編輯從大處著眼，力求全稿觀點精闢，原創鮮明。各位編輯極儘自身多年的專業積累，傾情奉獻：修正書稿的框架結構，爬梳提煉學術觀點，補充遺漏的一些重要史實，匡正學術觀點的一些訛誤之處，並誠懇與各卷專家作者切磋溝通，務求各卷寫出學術亮點，其拳拳之心殷殷之情青天可鑒。編稿之時，為求證一個字、一句話，廣查典籍，數度披閱增刪。青黃燈下，蹙眉凝思，不覺經年久月，眉間「川」字如刻。我們常為書稿中的精闢之處而喜不自勝，更為瑕疵之筆而扼腕嘆息！於是孜孜矻矻、秉筆躬耕，一句句、一字字吟安鋪穩，力求語言圓通，精煉可讀。尤其進入後期階段，每天下班時，長安街上已是燈火闌珊，我們卻剛剛送走一個緊張工作的夜晚，又在迎接著一個奮力拚搏的黎明。

　　為了不懈地追求精品書的品質，本套叢書每卷本要經過四十多道工序。我們延請了國內頂級專家為本書的質量把脈，中華書局的古籍專家劉尚慈編審已是七旬高齡，她以古籍善本為據，為我們的每卷書稿逐字逐句地核對了古籍原文，幫我們糾正了數以千計的舛誤，從她那裡我們學到了非常多的古籍專業知識。有時已是晚九時，老人家還沒吃飯在為我們核查書稿。看到原稿不盡如人意時，老人家會動情地對我們喊起來，此時，我們感動！我們折服！這是一位學者一種全身心地忘我投入！為了這套書，她甚至放下了自己的個人著述及其他重要邀請。

　　中國社會科學院歷史研究所李世愉研究員，為我們審查了全部書稿的史學內容，匡正和完善了書稿中的許多漏誤之處，使我們受益匪淺。在我們圖片組稿遇到困難之時，李老師憑藉深廣的人脈，給了我們以莫大的幫助。他是我們的好師長。

　　本書中涉及各地區少數民族及宗教問題較多，是我們最擔心出錯的地方。為此我們把書稿報送了國家宗教局、國家民委、中國藏學研究中心等權威機構精心審查了書稿，並得到了他們的充分肯定，使我們大受鼓舞！

　　我們還要感謝北京觀復博物館、大連理工大學出版社幫我們提供了許多有價值的歷

史圖片。

為了嚴把書稿質量，我們把做辭書時使用的有效方法用於這部學術精品專著，即對本書稿進行了二十項「專項檢查」以及後期的五十三項專項檢查，諸如，各卷中的人名、地名、國名、版圖、疆域、西元紀年、謚號、廟號、少數民族名稱、現當代港澳臺地名的表述等，由專人做了逐項審核。為使高端學術著作科普化，我們對書稿中的生僻字加了注音或簡釋。

其間，國家新聞出版總署貫徹執行「學術著作規範化」，我們聞風而動，請各卷作者添加或補充了書後的參考文獻、索引，並逐一完善了書稿中的註釋，嚴格執行了總署的文件規定不走樣。

我們還要感謝各卷的專家作者對編輯部非常「給力」的支持與配合，為了提高書稿質量，我們請作者做了多次修改及圖片補充，不時地去「電話轟炸」各位專家，一頭卡定時間，一頭卡定質量，真是難為了他們！然而，無論是時處酷暑還是嚴冬，都基本得到了作者們的高度配合，特別是和我們一起「摽」了二十年的那些老作者，真是同呼吸共命運，他們對此書稿的感情溢於言表。這是一種無言的默契，是一種心靈的感應，這是一支二十年也打不散的隊伍！憑著中國學者對傳承優秀傳統文化的責任感，靠著一份不懈的信念和期待，苦苦支撐了二十年。在此，我們向此書的全體作者深深地鞠上一躬！致以二十年來的由衷謝意與敬意！

由於本書命運多舛遷延多年，作者中不可避免地發生了一些變化，主要是由於身體原因不能再把書稿撰寫或修改工作堅持下去，由此形成了一些卷本的作者缺位。正是我們作者團隊中的集體意識及合作精神此時彰顯了威力——當一些卷本的作者缺位之時，便有其他卷本的專家伸出援助之手，像接力棒一樣傳下去，使全套叢書得以正常運行。華中師範大學的博士生導師姚偉鈞教授便是其中最出力的一位。今天全書得以付梓而沒有出現缺位現象，姚老師功不可沒！

「西藏」「新疆」原本是兩個獨立的部分，組稿之初，趙榮光先生殫精竭慮多方奔走物色作者，由於難度很大，終而未果，這已成為全書一個未了的心結。後期我們傾力進行了接續性的推動，在相關專家的不懈努力下，終至彌補了地區缺位的重大遺憾，並獲得了有關審稿權威機構的好評。

最令我們難過的是本書「東南卷」作者、暨南大學碩士生導師、冼劍民教授沒能見到本書的出版。當我們得知先生患重病時即趕赴探望，那時先生已骨瘦如柴，在酷熱的廣州夏季，卻還身著毛衣及馬甲，接受著第八次化療。此情此景令人動容！後得知冼先

生化療期間還在堅持修改書稿，使我們感動不已。在得知冼先生病故時，我們數度哽咽！由此催發我們更加發憤加快工作的步伐。在本書出版之際，我們向冼劍民先生致以深深的哀悼！

在我們申報國家項目和有關基金之時，中國農大著名學者李里特教授為我們多次撰寫審讀推薦意見，如今他竟然英年早逝離我們而去，令我們萬分悲痛！

在此期間，李漢昌先生也不幸遭遇重大車禍，嚴重影響了身心健康，在此我們致以由衷的慰問！

（五）

中國飲食文化學是一門新興的綜合學科，涉及歷史學、民族學、民俗學、人類學、文化學、烹飪學、考古學、文獻學、地理經濟學、食品科技史、中國農業史、中國文化交流史、邊疆史地、經濟與商業史等諸多學科，現正處在學科建設的爬升期，目前已得到越來越多領域的關注，也有越來越多的有志學者投身到這個領域裡來，應該說，現在已經進入了最好的時期，從發展趨勢看，最終會成為顯學。

早在一九九八年於大連召開的「世界華人飲食科技與文化國際學術研討會」，即是以「建立中國飲食文化學」為中心議題的。這是繼一九九一年之後又一次重大的國際學術會議，是一九九一年國際學術會議成果的繼承與接續。建立「中國飲食文化學」這個新的學科，已是國內諸多專家學者的共識。在本叢書中，就有專家明確提出，中國飲食文化應該納入「文化人類學」的學科，在其之下建立「飲食人類學」的分支學科。為學科理論建設搭建了開創性的構架。

這套叢書的出版，是學科建設的重要組成部分，它完成了一個帶有統領性的課題，它將成為中國飲食文化理論研究的扛鼎之作。本書的內容覆蓋了全國的廣大地區及廣闊的歷史空間，本書從史前開始，一直敘述到當代的二十一世紀，貫通時間百萬年，從此結束了中國飲食文化無史和由外國人寫中國飲食文化史的局面。這是一項具有里程碑意義的歷史文化工程，是中國對世界文明的一種國際擔當。

二十年的風風雨雨、坎坎坷坷我們終於走過來了。在拜金至上的浮躁喧囂中，我們為心中的那份文化堅守經過了煉獄般的洗禮，我們坐了二十年的冷板凳但無怨無悔！因為由此換來的是一項重大學術空白、出版空白的填補，是中國五千年厚重文化積澱的梳

理與總結，是中國優秀傳統文化的彰顯。我們完成了一項重大的歷史使命，我們完成了老一輩學人對我們的重託和當代學人的夙願。這二十年的泣血之作，字裡行間流淌著中華文明的血脈，呈獻給世人的是祖先留給我們的那份精神財富。

我們篤信，中國飲食文化學的崛起是歷史的必然，它就像那冉冉升起的朝陽，將無比燦爛輝煌！

《中國飲食文化史》編輯部

二〇一三年九月

亮點書系・中國文化通史 A1002014

中國飲食文化史・京津地區卷　下冊

主　　編	趙榮光
版權策畫	李　鋒
責任編輯	楊婉慈
發 行 人	林慶彰
總 經 理	梁錦興
總 編 輯	張晏瑞
編 輯 所	萬卷樓圖書股份有限公司
排　　版	菩薩蠻數位文化有限公司
印　　刷	百通科技股份有限公司
封面設計	菩薩蠻數位文化有限公司

出　　版　昌明文化有限公司

桃園市龜山區中原街 32 號

電話　(02)23216565

發　　行　萬卷樓圖書股份有限公司

臺北市羅斯福路二段 41 號 6 樓之 3

電話　(02)23216565

傳真　(02)23218698

電郵　SERVICE@WANJUAN.COM.TW

ISBN 978-986-496-153-5

2024 年 8 月初版二刷

2018 年 1 月初版

定價：新臺幣 380 元

如何購買本書：

1. 轉帳購書，請透過以下帳戶

　　合作金庫銀行　古亭分行

　　戶名：萬卷樓圖書股份有限公司

　　帳號：0877717092596

2. 網路購書，請透過萬卷樓網站

　　網址　WWW.WANJUAN.COM.TW

大量購書，請直接聯繫我們，將有專人為您

服務。客服：(02)23216565　分機 610

如有缺頁、破損或裝訂錯誤，請寄回更換

國家圖書館出版品預行編目資料

中國飲食文化史. 京津地區卷 / 趙榮光著. --

初版. -- 桃園市：昌明文化出版；臺北市：

萬卷樓發行, 2018.01

　　冊；　　公分

ISBN 978-986-496-153-5(下冊：平裝)

1.飲食風俗　2.中國

538.782　　　　　　　　　　107001756